Corporate Think Tanks

Sven Poguntke

Corporate Think Tanks

Zukunftsforen, Innovation Center,
Design Sprints, Kreativsessions & Co.

2., überarbeitete und erweiterte Auflage

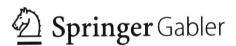

Sven Poguntke
Sven Poguntke – Business Development Consultants
Frankfurt am Main, Deutschland

Lego® und Lego Serious Play® sind eingetragene Markenzeichen der LEGO Group.

ISBN 978-3-658-13202-6   ISBN 978-3-658-13203-3 (eBook)
DOI 10.1007/978-3-658-13203-3

Die Deutsche Nationalbibliothek verzeichnet diese Publikation in der Deutschen Nationalbibliografie; detaillierte bibliografische Daten sind im Internet über http://dnb.d-nb.de abrufbar.

Springer Gabler
© Springer Fachmedien Wiesbaden 2014, 2016
Das Werk einschließlich aller seiner Teile ist urheberrechtlich geschützt. Jede Verwertung, die nicht ausdrücklich vom Urheberrechtsgesetz zugelassen ist, bedarf der vorherigen Zustimmung des Verlags. Das gilt insbesondere für Vervielfältigungen, Bearbeitungen, Übersetzungen, Mikroverfilmungen und die Einspeicherung und Verarbeitung in elektronischen Systemen.
Die Wiedergabe von Gebrauchsnamen, Handelsnamen, Warenbezeichnungen usw. in diesem Werk berechtigt auch ohne besondere Kennzeichnung nicht zu der Annahme, dass solche Namen im Sinne der Warenzeichen- und Markenschutz-Gesetzgebung als frei zu betrachten wären und daher von jedermann benutzt werden dürften.
Der Verlag, die Autoren und die Herausgeber gehen davon aus, dass die Angaben und Informationen in diesem Werk zum Zeitpunkt der Veröffentlichung vollständig und korrekt sind. Weder der Verlag noch die Autoren oder die Herausgeber übernehmen, ausdrücklich oder implizit, Gewähr für den Inhalt des Werkes, etwaige Fehler oder Äußerungen.

Gedruckt auf säurefreiem und chlorfrei gebleichtem Papier

Springer Gabler ist Teil von Springer Nature
Die eingetragene Gesellschaft ist Springer Fachmedien Wiesbaden GmbH

Vorwort zur zweiten Auflage

Unsere schnelllebige Zeit ist geprägt von Herausforderungen und Veränderungen, von bahnbrechenden Ideen, Innovationen sowie immer wieder neuen unternehmerischen Vorgehensweisen und Reaktionsmustern. Vor diesem Hintergrund habe ich mich zwei Jahre nach der Veröffentlichung von Corporate Think Tanks zu einer Neuauflage entschlossen.

An der bewährten Struktur gab es keine Veränderung. Alle Kapitel wurden vollständig aktualisiert und überarbeitet. Zahlreiche Praxisbeispiele wie das Innovation Center von Merck, Space 10 von Ikea, die App-Häuser von SAP, der Design Sprint von Google und die Hack-Week bei Zalando wurden neu ergänzt. Ferner wurden die Ausführungen zur Umsetzung von Think Tanks in Unternehmen präzisiert.

Danken möchte ich meinen Korrekturleserinnen Maike Kieselbach und Susanne Sachs. Beide haben neben ihren äußerst zeitintensiven Berufen die Manuskriptteile sehr zügig und gewissenhaft bearbeitet und entscheidend zum Gelingen des Werkes beigetragen. Darüber hinaus bedanke ich mich bei meinen Betreuerinnen und Lektorinnen Juliane Wagner, Eva-Maria Fürst und Janina Tschech beim Springer Gabler Verlag für die erneut sehr gute Zusammenarbeit.

Vorwort zur ersten Auflage

Die Beschäftigung mit zukunftsgerichteten Themen wie Wachstumsmärkten, Innovationen oder Strategien stellt eine spannende Herausforderung dar. Erfolgreiche Unternehmen können diese gut bewältigen, denn sie sind im hohen Maße kundenfokussiert und verstehen es, systematisch marktrelevante Informationen zu verarbeiten und sich schnell auf verändernde Rahmenbedingungen einzustellen. Ihre Grundhaltung zeichnet sich durch Agilität, Dynamik sowie Kreativität aus.

Corporate Think Tanks sind in diesem Kontext ein äußerst hilfreiches Format, um einerseits systematisch Zukunftschancen zu identifizieren und andererseits umsetzbare Ideen, Konzepte oder Innovationen zu generieren. Konkret versteht man darunter **Foren, Projektgruppen oder Geschäftsbereiche, in denen sich Unternehmen mit zukunftsgerichteten Fragestellungen beschäftigen.**

Corporate Think Tanks liegt eine **spezielle Arbeitsweise** zugrunde, die auf deren Teilnehmer inspirierend und kreativitätsfördernd wirken kann. Sie entfalten ihre volle Wirkung durch die Kombination aus einem für die Themenstellung passenden **Format, kreativen Menschen,** einem **inspirierenden Durchführungsort** sowie einem geeigneten **Methodenset.** Mit solchen Think Tanks wird versucht, den kreativen Spirit von den „Googles" und Start-ups dieser Welt zu imitieren.

Ich möchte Ihnen zu Beginn kurz erläutern, wie meine Leidenschaft für die Themen Kreativität, Ideation-Tools und Corporate Think Tanks entstanden ist. Ich habe vor etlichen Jahren Betriebswirtschaftslehre an der Universität Mannheim studiert, in Deutschland einer der Besten ihres Faches. Meine Denkweise wurde in dieser Zeit im Hinblick auf Rationalität geschult, mit einem Schwerpunkt auf mathematisch-analytische Fähigkeiten und strukturiertem Arbeiten. Absolventen der Studiengänge Maschinenbau, Informatik oder Ingenieurwesen dürften Ähnliches erlebt haben. Gegen Ende meines Studiums verbrachte ich ein Jahr an der University of North Carolina in den USA. Im Rahmen des dortigen Forschungsschwerpunktes beschäftigte ich mich erstmalig mit den Themen kreatives Denken, Führen und Arbeiten als grundlegende Denkhaltung für das Innovationsmanagement. Ich lernte viele Methoden und Vorgehensweisen kennen, mithilfe derer Menschen zu kreativen Höchstleistungen befähigt werden können, unter anderem erste Vorläufer des heutigen Trendtools Design Thinking. Besonders in

Erinnerung geblieben sind mir Ideenworkshops, in denen wir Studenten in einem strukturierten Prozess Neuproduktideen entwickelten. Rückblickend fasziniert mich dabei, mit welchem enormen Engagement, mit welcher Leidenschaft und mit wie viel Spaß wir seinerzeit die uns gestellten Themen bearbeiteten. Darüber hinaus hospitierten wir im benachbarten Center for Creative Leadership (ein international renommiertes Trainingsinstitut) [1] und beobachteten Führungskräfte und Manager in diversen Kreativsitzungen. Dort zeigte sich das gleiche Phänomen: Unglaublich lebhafte, aber zugleich produktive und zielführende Sitzungen, unterstützt durch einen versierten Moderator. Welch ein Gegensatz zur Atmosphäre und häufigen Ineffizienz in langweiligen Meetings.

In meinem Berufsleben waren für mich beide Denkansätze – sowohl die rationale als auch die kreative Perspektive – stets eine große Hilfe. Heute bin ich davon überzeugt, dass diese „hybride" Denkfähigkeit in meiner Rolle als Unternehmensberater und Trainer ein wesentliches Unterscheidungsmerkmal von meinen Wettbewerbern darstellt. Die rationale Seite ist unabdingbar bei Analysen, der Identifikation von Zukunftsmärkten, dem Durchsetzen von Entscheidungen, dem Erstellen von Businessplänen und für ein strukturiertes Vorgehen in Projekten. Die kreative Fähigkeit ist dagegen äußerst hilfreich beim vernetzten Denken, für den berühmten „Blick über den Tellerrand" sowie zur Generierung neuer Ideen und Innovationen.

Seit etlichen Jahren begleite ich meine Klienten bei der Initiierung und Durchführung von Corporate Think Tanks – dem Thema dieses Buches. Diese Denkfabriken werden zu den unterschiedlichsten Themen eingesetzt und die Vorgehensweise ist äußerst vielfältig. Ähnlich wie seinerzeit als Student in den USA begeistert mich heute immer noch die positive Energie, die in solchen Foren freigesetzt werden kann. Kreativität und Zukunftsgestaltung machen den meisten Menschen sehr viel Spaß und die dabei häufig entstehende Begeisterung – ganz ähnlich wie in Start-ups und Garagenfirmen – vermag anzustecken und eine Aufbruchstimmung zu erzeugen.

Entsprechend möchte ich Sie als Leser mit diesem Buch inspirieren und Ihnen spannende Möglichkeiten aufzeigen, wie Sie in Ihrem Unternehmen zielorientiert Zukunftsthemen bearbeiten können. Der **Nutzen** für Sie besteht im Kennenlernen eines großen Spektrums unternehmerischer Think Tanks einschließlich seiner Methoden sowie zahlreicher Praxistipps.

> **Die Themenschwerpunkte im Überblick:**
>
> - Ein fundierter Grundlagenteil für ein besseres Verständnis bezüglich geeigneter Themen sowie unterschiedlicher Arten von Corporate Think Tanks;
> - Interessante Praxis- und Best-Practice-Beispiele als Inspiration;
> - Ausführliche Darstellung der speziellen Vorgehensweise, die den unterschiedlichen Denkfabriken zugrunde liegt;
> - Eine systematische Auflistung von Erfolgsvoraussetzungen und eine umfassende Checkliste als Planungstool für einen Corporate Think Tank;

Inhaltsverzeichnis

Teil I Corporate Think Tanks im Kontext zukunftsgerichteter Themen

**1 Die Herausforderung: Hohe Komplexität und
permanente Veränderung**... 3
Literatur.. 7

**2 Der Ursprung: Think Tanks für die strategische Kriegsführung
und in der Politikberatung**....................................... 9
Literatur.. 11

**3 Der Business-Kontext: Think Tanks in der
unternehmerischen Praxis**.. 13
Literatur.. 17

**4 Das Einsatzspektrum: Beispiele für unternehmerische
Think Tanks**.. 19
   4.1 Visionär und eigenständig: Corporate Think Tanks
als ausgegliederte Bereiche............................... 19
      4.1.1 Xerox Corporation: PARC............................ 19
      4.1.2 Alphabet: Google X; We Solve for X; Jigsaw 21
      4.1.3 Cisco Systems: Emerging Technology Group;
Innovation Centre.................................... 23
      4.1.4 Global Player: Technologisches Trendscouting,
Akzeleratoren und Inkubatoren 26
      4.1.5 BASF: New Business GmbH......................... 28
      4.1.6 Merck: Innovation Center............................ 29
      4.1.7 Ikea: Space10... 31
      4.1.8 Procter & Gamble: Clay Street Project 32
      4.1.9 SAP: AppHäuser..................................... 33
   4.2 Experimentell und temporär: Corporate Think Tanks
als Projektgruppen/Workshops/Events..................... 34
      4.2.1 Atlassian: ShipIt Days................................ 35

		4.2.2	Google Ventures: Design Sprint	36
		4.2.3	Zalando: Hack Week	38
		4.2.4	TUI: Think Tank „Freizeit & Tourismus"	39
		4.2.5	ARAG: Führungskräftekonferenz als Think Tank	41
		4.2.6	Tchibo: Tchibo Think Tank	41
		4.2.7	Palomar 5: Außergewöhnlicher „Do Tank"	42
	4.3	Unterstützend und extern: Corporate Think Tanks als Dienstleistung		43
		4.3.1	IDEO: Legendäre Designschmiede	44
		4.3.2	Brainstore: Maschinelle Ideenproduktion	45
		4.3.3	British Quality Foundation: Ideas Jam	45
		4.3.4	Singularity U: Technologie Think Tank	46
	Literatur			48

Teil II Vorbereitung eines Corporate Think Tanks

5 Die Vorüberlegung: Planung eines Think Tanks ... 57
- 5.1 Aus Fehlern lernen: Gescheiterte Think-Tank-Initiativen ... 57
- 5.2 Mindset verstehen: Inkrementelle oder visionäre Zukunftsgestaltung ... 60
- 5.3 Zusammenhänge berücksichtigen: Corporate Think Tanks im Kontext der unternehmerischen Strategie ... 62
- 5.4 Erste Quintessenz ableiten: Zehn Erfolgsvoraussetzungen für einen Corporate Think Tank ... 64
- Literatur ... 66

6 Die Menschen: Querdenker, Intrapreneure und Visionäre für den Think Tank ... 67
- 6.1 Kreativität forcieren: Schlüsselqualifikation für den Think Tank ... 68
- 6.2 Heterogenität sichern: Vielfalt konstruktiv nutzen ... 72
- 6.3 Kollektive Intelligenz zurate ziehen: Potenzial „der Vielen" erschließen ... 74
- 6.4 Aufgaben zuordnen: Rollen im Think Tank ... 76
- Literatur ... 79

7 Die Location: Inspirierende Raumkonzepte für kreative Höchstleistung ... 81
- 7.1 Den „Tank" wörtlich nehmen: Störungsfreies Arbeiten als höchste Priorität ... 82
- 7.2 Bedarfsgerechte Raumkonzepte nutzen: Ausstattung und Flexibilität als Grundvoraussetzung ... 83
- 7.3 Kreativität entfachen: Inspirierende Spielplätze für Erwachsene ... 84
- Literatur ... 86

8	**Der Toolkasten: Hilfsmittel und Techniken für die Arbeit im Think Tank**		**87**
	8.1	Phasenmodell einsetzen: ThinkX – Productive Thinking Model	88
	8.2	Future Trend Intelligence durchführen: Inspirierende Quellen zur Ableitung von Suchfeldern	91
	8.3	Rollierende Planung für multiple Zukünfte anwenden: Szenariotechnik	94
	8.4	Kreativität freisetzen: Techniken des Advanced Brainstorming	98
		8.4.1 Klassisches Brainstorming und seine Weiterentwicklung	98
		8.4.2 Reverse Brainstorming	100
		8.4.3 Kreative Zerstörung	102
		8.4.3.1 Rule Breaking	102
		8.4.3.2 Destroy Your Business	103
		8.4.4 Scamper	105
		8.4.5 Fragen Sie Persönlichkeiten	107
		8.4.6 Random Input	109
		8.4.7 Electronic Brainstorming, Apps & Co	111
	8.5	Nutzerzentrierte Vorgehensweise sichern: Trendtool Design Thinking	113
	8.6	Tiefgründig analysieren und spielerisch arbeiten: LEGO® SERIOUS PLAY®	121
	8.7	Geschäftsmodell neu erfinden: Business Model Canvas	128
		Literatur	132

Teil III Durchführung eines Corporate Think Thanks und Ergebnisumsetzung

9	**Die Durchführung: Praxistipps für ein strukturiertes und ergebnisorientiertes Vorgehen**		**137**
	9.1	Zeitrahmen festlegen: Praxisbeispiele für Ablaufpläne	137
	9.2	Phasen bewusst steuern: Divergenz und Konvergenz aktiv moderieren	141
	9.3	Probleme souverän meistern: Vorbereitung und Reaktion auf schwierige Situationen	142
		Literatur	145
10	**Die Umsetzung: Think-Tank-Ergebnisse zielorientiert implementieren**		**147**
	10.1	Entscheidungen treffen: Optionen bewerten, priorisieren und auswählen	148

10.2	Konzepte erarbeiten: Optionen konkretisieren	149
10.3	Akzeptanz erreichen: Überzeugungsarbeit und Einwandargumentation	151
10.4	Umsetzungsschritte planen: Prozesse und Roadmaps	153
	Literatur	154

11 Die Erkenntnisse: Rückblick auf den Corporate Think Tank 155

Anhang 159

Über den Autor

Dipl.- Kfm. Sven Poguntke studierte Betriebswirtschaftslehre an den Universitäten Mannheim und North Carolina/ USA. An der US-amerikanischen Universität setzte er sich im Rahmen des dortigen Forschungsschwerpunktes intensiv mit den Themen Business Creativity und Innovationsmanagement auseinander. Sven Poguntke arbeitete 2,5 Jahre als Hochschuldozent, als Referent für Strategie bei einem Verkehrsdienstleister, über 5 Jahre als Senior Consultant und Projektleiter bei einer namhaften Unternehmensberatung sowie als Vertretungsprofessor für Design Thinking und Innovationsmanagement am Mediencampus der Hochschule Darmstadt.

Seit 2004 ist er selbstständig unter der Firmierung „Sven Poguntke – Business Development Consultants". Er unterstützt Unternehmen und Organisationen bei der Initiierung und Durchführung von „Corporate Think Tanks" zu den zukunftsgerichteten Themen Foresight, Strategie und Innovation. Darüber hinaus arbeitet er als Autor, Keynote Speaker, Managementtrainer, Facilitator sowie als Hochschuldozent.

Sven Poguntke ist Spezialist für Ideation-Tools und innovative Methoden wie Design Thinking, Blue Ocean Strategy, Business Model Canvas & Value Proposition Design (Absolvent der Masterclass bei Alex Osterwalder), Lean Canvas sowie zertifizierter Trainer für die LEGO®-SERIOUS-PLAY®-Methode. Weitere Informationen finden Sie auf der Internetpräsenz www.sven-poguntke.com.

Abbildungsverzeichnis

Abb. 1.1	Beispiele für Branchen mit digitalen Innovationen	5
Abb. 2.1	Charakteristika von politisch/gesellschaftlich ausgerichteten Think Tanks	10
Abb. 3.1	Ausprägungsformen unternehmerischer Think Tanks	14
Abb. 3.2	Corporate-Think-Tank-Varianten im Überblick	15
Abb. 4.1	Corporate-Think-Tank-Variante: Ausgegliederter Bereich	20
Abb. 4.2	Corporate-Think-Tank-Variante: Projektgruppe/Workshop	35
Abb. 4.3	Fünftägiger Prozess des Design Sprints	37
Abb. 4.4	Corporate-Think-Tank-Variante: Externer Dienstleister	44
Abb. 5.1	Faktor „Vorüberlegung" im Rahmen der Vorbereitung eines Corporate Think Tanks	58
Abb. 5.2	Mindset für die Zukunftsgestaltung	61
Abb. 5.3	Corporate Think Tanks im Strategieprozess	63
Abb. 5.4	Quintessenz aus den drei Vorüberlegungen	65
Abb. 6.1	Faktor „Menschen" im Rahmen der Vorbereitung eines Corporate Think Tanks	68
Abb. 6.2	Übersicht der Rollen in einem Corporate Think Tank	77
Abb. 7.1	Faktor „Location" im Rahmen der Vorbereitung eines Corporate Think Tanks	82
Abb. 8.1	Faktor „Toolkasten" im Rahmen der Vorbereitung eines Corporate Think Tanks	88
Abb. 8.2	Übersicht der Methoden	88
Abb. 8.3	Übersicht zu ThinkX	89
Abb. 8.4	ThinkX – Die Phasen im Überblick	89
Abb. 8.5	Übersicht zu Future Trend Intelligence	91
Abb. 8.6	Trendanalyse – Suchfelder – Ideation	94
Abb. 8.7	Übersicht zur Szenariotechnik	95
Abb. 8.8	Szenarien in einer Trichterdarstellung	96
Abb. 8.9	Szenarien bezüglich der Einflussfaktoren	97
Abb. 8.10	Übersicht zu Advanced Brainstorming	99

Abb. 8.11	SCAMPER	106
Abb. 8.12	Beispiel zu Random Input (Reizwortmethode)	110
Abb. 8.13	Übersicht zu Design Thinking	114
Abb. 8.14	Schritte im Design-Thinking-Prozess	116
Abb. 8.15	Übersicht zu LEGO® SERIOUS PLAY®	122
Abb. 8.16	Legomodell „Teamanalyse"	124
Abb. 8.17	Legomodell „Snow Scooter"	125
Abb. 8.18	Legomodell „Vision"	126
Abb. 8.19	Legomodell „Systemische Strategieentwicklung"	127
Abb. 8.20	Übersicht zum Business Model Canvas	129
Abb. 8.21	Business Model Canvas	129
Abb. 9.1	Beispiel für den Ablauf eines Corporate Think Tanks „Innovation"	138
Abb. 9.2	Beispiel für den Ablauf eines Corporate Think Tanks „Strategie"	139
Abb. 9.3	Beispiel für den Ablauf eines Corporate Think Tanks mit der Methode Design Thinking	140
Abb. 9.4	Divergente und konvergente Phasen in einem Corporate Think Tank	142
Abb. 10.1	Stufen der internen Überzeugungsarbeit	151
Abb. 10.2	Beispiel einer Stakeholder-Analyse	152
Abb. 10.3	Faktoren für den Umsetzungserfolg	153

Teil I

Corporate Think Tanks im Kontext zukunftsgerichteter Themen

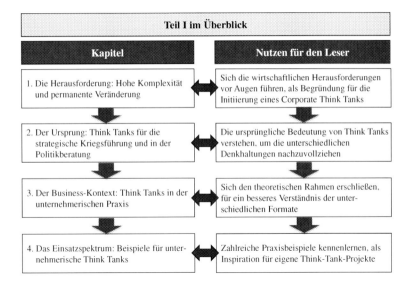

Die Herausforderung: Hohe Komplexität und permanente Veränderung

1

Ende der 1980er und Anfang der 1990er Jahre gab es mir als Student der Betriebswirtschaftslehre immer wieder zu denken, dass regelmäßig namhafte Unternehmen scheitern und von den Märkten verschwinden. Der „Friedhof" von bekannten Firmen wird von Jahr zu Jahr größer und umfasst Traditionsunternehmen wie zum Beispiel Grundig und AEG, die legendären US-amerikanischen Fluglinien PAN AM und TWA, die Versandhäuser Quelle und Neckermann sowie die Handelsunternehmen Schlecker und Praktiker. Immerhin konnten einige der genannten Marken überleben (z. B. AEG), indem sie etwa von anderen Marktteilnehmern aus der Konkursmasse herausgekauft wurden. Mit jeder Wirtschaftskrise schnellen zudem die absoluten Zahlen der Unternehmensinsolvenzen in die Höhe. Einige Buchautoren und Wissenschaftler ziehen in diesem Zusammenhang die Analogie zur Evolution und konstatieren, dass auch in der Wirtschaftswelt der vermeintlich Langsame, Kränkelnde oder Schwache langfristig nicht überlebensfähig sei. Analysiert man die Gründe für das Scheitern von Unternehmen, so wird häufig darauf verwiesen, dass neben der Globalisierung und dem damit verbundenen Wettbewerbsdruck bestimmte Technologietrends oder Marktentwicklungen verschlafen worden seien. Darüber hinaus können neben Managementfehlern hausgemachte Strukturdefizite etwa in Form einer zu geringen Eigenkapitalquote, fehlendem Know-how, organisatorischen Ineffizienzen oder mangelnde Veränderungsfähigkeit zu den Gründen des Scheiterns gezählt werden. Gelegentlich hatten die strauchelnden Unternehmen einfach nur Pech, weil sie etwa zu früh mit Innovationen aufwarteten oder aber sich eine hohe Investition aufgrund einer plötzlich einsetzenden Wirtschaftskrise nicht so schnell amortisierte wie ursprünglich geplant.

Im Gegensatz dazu entstehen ständig neue und meist innovative Geschäftsmodelle, die häufig außerhalb der etablierten Unternehmen von Start-ups entwickelt werden und sich mitunter sehr erfolgreich auf den Märkten positionieren. Viele junge Unternehmen wie Google (Gründung: 1998), Amazon (Gründung: 1994) oder das Internetauktionshaus eBay (Gründung: 1995) sind mit einer enormen Wachstumsgeschwindigkeit selbst zu bedeutenden Marktteilnehmern geworden. Diese Neugründungen weisen eine Gemeinsamkeit auf: Meist basiert der Erfolg auf digitalen Geschäftsmodellen. Branchenunabhängig wird entsprechend die **Digitalisierung** als größter Veränderungstreiber ausgemacht. So gelten beispielsweise die Anbieter internetbasierter Technologien im Bereich Finanzdienstleistungen (sogenannt FinTechs) als die neuen Konkurrenten etablierter Banken. In der traditionellen Versicherungsbranche sind InsurTechs die neuen Marktteilnehmer. Bei produzierenden Unternehmen wird die Digitalisierung der Fertigung unter dem Stichwort Industrie 4.0 zu nachhaltigen Veränderungen führen. Die digitale Transformation ist nicht für alle Marktteilnehmer positiv: In vielen Branchen polarisiert die Unternehmenswelt heute in neu und alt, in „Marktverdränger" und „Gejagte" (s. Abb. 1.1).

Zahlreiche Innovationen, wie z. B. die Apple Produkte iTunes und iPhone, haben die ungeschriebenen Regeln manch eines Industriezweiges neu definiert. Der Harvardprofessor Clayton M. Christensen prägte in diesem Zusammenhang den Begriff der **disruptiven Innovationen** und beschreibt damit neue Produkte oder Technologien, die die bisherigen verdrängen können [1]. Die Musikindustrie erlebte in den letzten Jahrzehnten gleich mehrere Wellen der Disruption. Angefangen mit Schallplatten und Musikkassetten setzte sich in den 1980er Jahren die CD durch. Diese wiederum wurde durch MP3-Formate und iTunes abgelöst. Heute sehen viele Experten die Zukunft in Abonnementdiensten wie Spotify. Nutzer erhalten dort kostenfrei in einer Variante mit Grundfunktionen beziehungsweise gegen eine monatliche Gebühr für eine Premiumversion Zugang zu Musikalben und können diese auf ihren internetfähigen Geräten wie z. B. Computer oder Smartphone abspielen. Ein weiteres Beispiel für eine Disruption ist der Übergang von der analogen zur digitalen Fotografie. Der Marktführer der „alten Technologie" Kodak geriet dabei heftig ins Straucheln.

Treiber der disruptiven Innovationen sind erneut nicht die etablierten Marktteilnehmer, sondern - wie gerade dargestellt - Start-ups und Quereinsteiger. Christensen stellt in seinem Bestseller „The Innovator's Dilemma" die These auf, dass etablierte Unternehmen eher dazu neigen, inkrementelle (kleinere) Innovationen hervorzubringen [1]. Sie befragen ihre bestehenden Kunden und beschränken sich auf kleinere Neuerungen und Verbesserungen. Dieser Ansatz ist insofern plausibel, als dass das Hervorbringen disruptiver Innovationen in der Regel die bestehenden Produkte kannibalisieren wird. Wenn solche Technologien oder Produkte von Start-ups in den Märkten eingeführt werden, wird das Neue häufig von den bisherigen Unternehmen zunächst nicht ernst genommen. Begründet wird dies damit, dass oft die erste Version einer disruptiven Innovation qualitativ noch nicht ausgereift ist und die alten Produkte und Technologien demgegenüber noch überlegen sind. Als Amazon beispielsweise damit begann, Bücher über das Internet zu verkaufen, waren zahlreiche Branchenexperten der Meinung, dass dieses Geschäftsmodell niemals funktionieren würde. Man konnte sich nicht vorstellen, dass Menschen ein bis zwei Tage auf eine Lieferung warten, auf Service in Form von

Die Herausforderung: Hohe Komplexität und permanente Veränderung 5

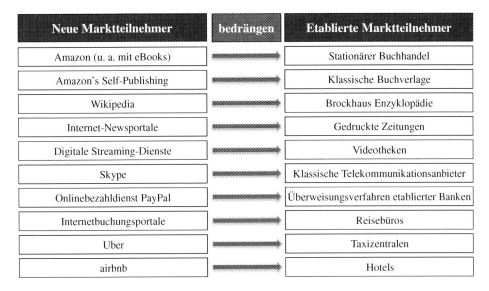

Abb. 1.1 Beispiele für Branchen mit digitalen Innovationen

Beratungsleistungen verzichten und obendrein etwas bestellen würden, was sie vorher nicht angeschaut hatten.

Eine Anpassung der Unternehmensstrategie auf disruptive Innovationen erfolgt oft erst dann, wenn es schon zu spät ist: Kodak, die US-amerikanische Buchhandelskette Borders oder die Videothekenkette Blockbuster meldeten alle Konkurs an.

Spannend ist die Spekulation, welche Branchen als nächstes von disruptiven Innovationen betroffen sein könnten. Das Consultingunternehmen McKinsey prognostiziert zwölf disruptive Technologien [2]:

- Mobiles Internet
- Automatisierung von Wissensarbeit
- Internet der Dinge (Verknüpfung von physischen Gegenständen mit dem Internet)
- Cloud Technologie
- Advanced Robotics
- Autonomes Autofahren
- Genetische Diagnostik (Sequenzierung)
- Energiespeicherung
- 3D-Druck
- Hochleistungswerkstoffe
- Innovative Formen der Rohstoffgewinnung
- Erneuerbare Energie

Die Digitale Welt hat nicht nur innovative Serviceleistungen oder neue Verkaufs- und Vertriebsformen mit sich gebracht. Auch der Zugang zu Informationen wurde erheblich erleichtert. In der schieren Quantität an verfügbaren Marktdaten, Wettbewerbsprofilen, Kundentrends, Newsportalen etc. liegt die Herausforderung begründet, **relevante Informationen** zu identifizieren, zu priorisieren und letztlich produktiv zu nutzen. Studien der US-amerikanischen Wissenschaftler Pierre Azoulay vom MIT in Boston sowie Benjamin Jones von der Northwestern University in Illinois förderten das Ergebnis zutage, dass ein durchschnittlicher Mitarbeiter einer Forschungs- und Entwicklungsabteilung in den USA in den 1950er Jahren im Hinblick auf Arbeitsergebnisse und Ideen für Innovation und Wachstum etwa siebenmal produktiver war [3]. Als Begründung wird angeführt, dass es heute für einen Forscher sehr viel länger dauert, um in einer Disziplin Fuß zu fassen. Es ist nahezu überall auf der Welt viel Wissen verfügbar, und es braucht trotz aller technologischen Hilfsmittel Zeit, dieses zu sichten. Neue Methoden rund um das Trendthema Big Data (Erfassung und Analyse von großen Datenmengen) werden zukünftig ein Hilfsmittel für schnelleren und qualitativ hochwertigeren Erkenntnisgewinn sein.

Darüber hinaus leben wir in einer Welt der Überraschungen, in der im zunehmenden Maße unvorhersehbare Vorfälle erhebliche Auswirkungen auf das Wirtschaftsgeschehen entfachen. Der Publizist und Börsenhändler Nassim Nicholas Taleb spricht in seinem internationalen Bestseller in diesem Kontext von „**Schwarzen Schwänen**" – eine Metapher für unwahrscheinliche, aber durchaus mögliche Ereignisse [4]. Man denke in diesem Zusammenhang beispielsweise an die Anschläge auf das World Trade Center oder an das Platzen der US-amerikanischen Immobilienblase und die Finanzkrise in Europa. Das Erdbeben am 11. März 2011 in Japan steht als Auslöser für eine ganze Kette von Ereignissen: Der durch das Erdbeben entstandene Tsunami, die Kernschmelze im Atomkraftwerk von Fukushima und schließlich die daraufhin erfolgte energiepolitische Neuorientierung der Deutschen Bundesregierung. Hiesige Energieversorger waren gezwungen, ihre eingeschlagene Unternehmensstrategie in erheblichem Ausmaße zu verändern.

Ob es uns gefällt oder nicht: Wir leben in einer hochkomplexen und einer sich anscheinend immer schneller drehenden Welt voller Unwägbarkeiten und ständiger Veränderungen. Eines ist dabei sicher: Ein einfaches „Weitermachen wie bisher!" funktioniert in den seltensten Fällen. Der Businessstratege und Buchautor Rowan Gibson formulierte vor diesem Hintergrund schon vor etlichen Jahren den Leitsatz: „**Lineares Denken ist nutzlos in einer nicht-linearen Welt**" [5]. Entsprechend plausibel klingen die Forschungserkenntnisse des Mannheimer Professors Jochen Streb: Permanente Innovations- und Wandlungsfähigkeit sind die maßgeblichen Faktoren für das langfristige Überleben von Unternehmen [6].

Für die verantwortlichen Führungskräfte und Topmanager besteht die Herausforderung darin, diese Komplexität zu managen, Agilität und schnelle Reaktionszeiten sicherzustellen und in ihren jeweiligen Organisationen die Kreativität zu entfalten, die für die Zukunftsgestaltung so zentral ist. In diesem Zusammenhang stellt sich die Frage, mit welchen Methoden und Vorgehensweisen das erreicht werden kann. Eine Möglichkeit bzw. ein Hilfsmittel stellen Corporate Think Tanks dar, mit einer Vielzahl von Ausprägungsmöglichkeiten und Themenschwerpunkten. Unterstützt durch kreativ arbeitende Persönlichkeiten können in Think Tanks entscheidungsvorbereitende Analysen und Prognosen erarbeitet sowie Impulse und Ideen für Problemlösungen, Strategien und Innovationen geliefert werden. Sie können einen Beitrag dazu liefern, um den Herausforderungen unserer Zeit aktiv zu begegnen.

> **Kernaussagen – Herausforderung: Hohe Komplexität und permanente Veränderung**
> Das erfolgsorientierte und zukunftsgerichtete Management von Unternehmen ist in den letzten beiden Jahrzehnten schwieriger geworden:
>
> - Branchenunabhängig gilt die **Digitalisierung** als maßgeblicher Veränderungstreiber.
> - In etlichen Branchen sind zunehmend neu gegründete Unternehmen mit ihren **disruptiven Innovationen** die Sieger im Verdrängungswettbewerb.
> - Das Internetzeitalter bringt eine Vielzahl von Informationen und Wissen hervor. Vor dem Hintergrund eines drohenden Information Overload besteht die Herausforderung darin, für die Zukunftsgestaltung von Unternehmen **relevante Informationen** systematisch zu analysieren und zu bewerten.
> - „Schwarze Schwäne" – das sind sehr unwahrscheinliche aber durchaus realistische Ereignisse – erfordern ein effizientes Risikomanagement und eine schnelle Anpassungsfähigkeit.
>
> Das Management von Komplexität gilt in diesem Zusammenhang als eine der größten Herausforderung für Führungskräfte und Top-Manager. Der Einsatz von Corporate Think Tanks kann vor diesem Hintergrund eine Hilfestellung darstellen, um sich den Zugang zu kollektivem Wissen und chancenreichen Ideen zu sichern.

Literatur

1. Christensen, C. M., Matzler, K., & von den Eichen, F. S. (2013). *The Innovator's dilemma: Warum etablierte Unternehmen den Wettbewerb um bahnbrechende Innovationen verlieren* (1. korrigierter Nachdruck). München: Vahlen.
2. McKinsey Global Institute. (Hrsg.). (2013). „Disruptive technologies: Advances that transform life, business and the global economy". http://www.mckinsey.com/insights/business_technology/disruptive_technologies. Zugegriffen: 29. Dez. 2013.
3. Sloane, P. (2013). Has the innovation engine run out of steam? http://www.destination-innovation.com/articles/?p=1272. Zugegriffen: 17. Okt. 2013.

4. Taleb, N. N. (2013). *Der Schwarze Schwan: Die Macht höchst unwahrscheinlicher Ereignisse* (6. Aufl.). München: Hanser.
5. Gibson, R. (Hrsg.). (1997). *Rethinking the future: So sehen Vordenker die Zukunft von Unternehmen* (S. 27). Landsberg: Moderne Industrie.
6. Hubik, F. (5. März 2014). Die Zahl der Patente zählt. *Handelsblatt Live.*

2 Der Ursprung: Think Tanks für die strategische Kriegsführung und in der Politikberatung

Vor der Beschäftigung mit unternehmerischen Denkfabriken ist es sinnvoll, etwas über deren ursprüngliche Bedeutung zu erfahren. Dies erleichtert das Verständnis der spezifischen Denkhaltungen, die den unterschiedlichen Think Tanks zugrunde liegen.

Zuerst wurde der Begriff Think Tank in einem militärischen Kontext angewendet. Im zweiten Weltkrieg bezeichnete man damit abhörsichere Räume („Tank"), in denen über Fragen der strategischen Kriegsführung nachgedacht wurde („Think") [1]. In den fünfziger Jahren etablierte sich die Bezeichnung Think Tank zunehmend für Forschungsinstitute in der Politikberatung. In Abb. 2.1. sind deren grundlegende Strukturen dargestellt.

Der Politikwissenschaftler Martin Thunert definiert diese Denkfabriken wie folgt:

▶ **Politisch/gesellschaftlich ausgerichtete Think Tanks** „privat oder öffentlich finanzierte, praxisorientierte Forschungsinstitute, die wissenschaftlich fundiert politikbezogene und praxisrelevante Fragestellungen behandeln, und im Idealfall entscheidungsvorbereitende Ergebnisse und Empfehlungen liefern" [2].

Hinsichtlich der Anzahl dieser Think Tanks gibt es unterschiedliche Angaben. Je nach Quelle existieren weltweit heute ca. 4500 bis 6500 solcher Denkfabriken, sehr viele davon in den USA. In Deutschland zählen dazu u. a. folgende Institute [3, 4]:

- Berggruen Institut on Governance (www.berggruen.org)
- Berlin-Institut für Bevölkerung und Entwicklung (www.berlin-institut.org)
- Bertelsmann Stiftung (www.bertelsmann-stiftung.de)
- Denkwerk Zukunft (www.denkwerkzukunft.de)
- Gemeinnützige Hertie Stiftung (www.ghst.de)
- Global Public Policy Institute e. V. (www.globalpublicpolicy.net)
- Herbert-Quandt-Stiftung (www.herbert-quandt-stiftung.de)

Synonyme	Denkfabrik, Ideenschmiede, Public Policy Institutions (PPI)
Organisationsformen	Institute, Forschungseinrichtungen, Beratungseinrichtungen
Akteure	Wissenschaftler, Experten, Intellektuelle
Klassische Themen	Alle Problemstellungen, die in Zukunft zu einer Herausforderung werden: z. B. Klimaveränderung, demografischer Wandel, Arbeitsmarkt, Bildungspolitik, Verteidigungsfragen, Terrorismus
Ziele	• Beratung von Politikern (damit diese zu hochkomplexen Sachfragen Entscheidungen treffen können) • Lobbyismus • Information der Öffentlichkeit
Finanzierung	• I. d. R. Unternehmen bzw. Unternehmensverbände, private Stiftungen, Einzelpersonen • In Deutschland auch Bund und Länder

Abb. 2.1 Charakteristika von politisch/gesellschaftlich ausgerichteten Think Tanks

- Parteinahe Stiftungen
  - Konrad-Adenauer Stiftung (www.kas.de)
  - Friedrich-Ebert-Stiftung (www.fes.de)
  - Friedrich-Naumann-Stiftung (www.freiheit.org)
  - Heinrich-Böll-Stiftung (www.boell.de)
  - Rosa-Luxemburg-Stiftung (www.rosalux.de)
- Robert-Bosch-Stiftung (www.bosch-stiftung.de)
- Stiftungen der Gewerkschaften und Arbeitgeber
  - Hans-Böckler-Stiftung (www.boeckler.de)
  - Institut der deutschen Wirtschaft Köln (www.iwkoeln.de)
- Wirtschaftsforschungsinstitute
  - Rheinisch-Westfälisches Institut für Wirtschaftsforschung (www.rwi-essen.de)
  - Institut für Weltwirtschaft an der Universität Kiel (www.ifw-kiel.de)
  - Deutsches Institut für Wirtschaftsforschung (www.diw.de)
  - Leipzig-Institut für Wirtschaftsforschung Halle (www.iwh-halle.de)
- Westerwelle Foundation (www.westerwelle-foundation.com)

Thematisch entwickeln sich die klassischen Think Tanks dergestalt weiter, dass sie aktuelle Herausforderungen aufgreifen und es regelmäßig Neugründungen gibt. So wurde beispielsweise im Februar 2016 das Digital Society Institute in Berlin eröffnet, mit dem Ziel, die Prozesse der Digitalisierung zu erforschen und Strategien für Wirtschaft, Gesellschaft und Politik abzuleiten [5].

Die politisch/gesellschaftlich ausgerichteten Think Tanks zeichnen sich dadurch aus, dass sie insbesondere **analytisch** arbeiten. Die zugrunde liegende Arbeitsweise ist in der Regel rational, logisch und quantitativ.

Als grundlegende **Charakteristika** der politisch/gesellschaftlich ausgerichteten Denkfabriken lassen sich **vier Merkmale** identifizieren [6].

1. **Foresight** (Vorausschau, Weitblick): Beschäftigung mit zukunftsgerichteten Themen durch systematische Analysen, Prognosen und Szenarien.
2. **Netzwerkarbeit:** Häufig arbeiten Think Tanks in einer interdisziplinären Zusammensetzung. Darüber hinaus werden Themen oft gemeinsam mit anderen Organisationen und wissenschaftlichen Instituten bearbeitet.
3. **Beratung:** Die Zielsetzung besteht in der Politikberatung sowie in der Einflussnahme auf Entscheidungsträger.
4. **Exzellenz:** Charakteristisch für die Akteure im Think Tank ist neben der bereits beschriebenen Interdisziplinarität ein ausgewiesenes fachliches Talent und Expertenwissen.

Einige der genannten Aspekte werden in späteren Kapiteln noch einmal aufgegriffen, denn sie lassen sich auf unternehmerische Think Tanks übertragen.

Kernaussagen – Ursprung: Think Tanks für die strategische Kriegsführung und der Politikberatung

In Think Tanks wurden im 2. Weltkrieg militärische Themen in abhörsicheren Räumen erörtert. Später etablierte sich der Begriff für Institute der Politikberatung. In diesen Denkfabriken werden die großen politischen und gesellschaftlichen Herausforderungen wie z. B. der Klimawandel, die Energiewende oder die demografische Entwicklung bearbeitet. Die Ergebnisse dieser Think Tanks sind häufig Analyseberichte, Prognosen und Szenarien. Sie dienen u. a. der Entscheidungsfindung von Politikern und werden mitunter zur gezielten Einflussnahme eingesetzt (klassischer Lobbyismus).

Literatur

1. Wikipedia. Denkfabrik. http://de.wikipedia.org/wiki/Denkfabrik. Zugegriffen: 13. Feb. 2016.
2. Thunert, M. (15. Dezember 2003). Think Tanks in Deutschland – Berater der Politik? *Aus Politik und Zeitgeschichte, Beilage zur Wochenzeitung. Das Parlament. 51,* 31.
3. Wikipedia, Liste bekannter Denkfabriken. https://de.wikipedia.org/wiki/Liste_bekannter_Denkfabriken. Zugegriffen: 13. Feb. 2016.
4. Think Tank Directory. http://www.thinktankdirectory.org/index.html. Zugegriffen: 13. Feb. 2016.
5. Politik-digital. (2016). Digital Society Institute in Berlin eröffnet. http://politik-digital.de/news/digital-society-institute-in-berlin-eroeffnet-148441/. Zugegriffen: 13. Feb. 2016. (Stand: 12. Feb. 2016).
6. Rosteck, F., & Stephan, M. (2. Jan. 2013). Blick in die Zukunft – Wie Think Tanks die unternehmerische Zukunft planen und gestalten können. 3M-Die Erfinder – Blog für Innovation und Verantwortung. Gastbeitrag des Kooperationspartners „Innovationsmanager-Magazin für Innovationskultur". http://die-erfinder.3mdeutschland.de/innovationskultur/blick-die-zukunft-wie-think-tanks-die-unternehmerische-zukunft-planen-und-gestalte. Zugegriffen: 18. Nov. 2013.

3 Der Business-Kontext: Think Tanks in der unternehmerischen Praxis

Seit einigen Jahren wird der Begriff „Think Tank" auch in einem betrieblichen Kontext verwendet. Diese unternehmerischen Denkfabriken werden als **Corporate Think Tanks** bezeichnet. Ihre grundlegenden Charakteristika sind in der folgenden Definition zusammengefasst.

▶ **Corporate Think Tanks** Corporate Think Tanks sind Foren, Projektgruppen oder Unternehmensbereiche, in denen sich interdisziplinäre Teams aus Mitarbeitern und/oder Externen (z. B. Experten, Kooperationspartner, Kunden) mit zukunftsorientierten Fragestellungen beschäftigen. Corporate Think Tanks sollen einen Beitrag zur Entscheidungsfindung von Führungskräften sowie zur Erreichung von Unternehmenszielen leisten, z. B. durch die Durchführung von Foresight-Analysen (z. B. Trends, Zukunftsfaktoren), die Konzeption von Strategien oder das Hervorbringen von Innovationen.

Corporate Think Tanks liegt eine spezielle Vorgehensweise zugrunde, die darauf abzielt, Kreativität und Dynamik auszulösen. Zielführende Methoden können dabei unterstützend zum Einsatz kommen (siehe Kap. 8).

Bei betrieblichen Denkfabriken lassen sich **zwei Ausprägungsformen** unterscheiden:

1. **Analysierende Think Tanks:** In diesen Foren werden Themen wie z. B. Trends in Form sich abzeichnender technologischer oder gesellschaftlicher Entwicklungen analysiert. Dies dient dem Ziel, Wachstumsmärkte zu identifizieren. Der Output ist meist ein Ergebnisbericht, der Führungskräfte in ihrer Entscheidungsfindung und/oder konzeptionellen Arbeit unterstützt. Diese Denkfabriken sind ihrem Wesen nach den politischen Think Tanks ähnlich. Das Mindset ist tendenziell analytisch und rational.
2. **Gestaltende Think Tanks** (auch „Do Tanks" oder „Idea Tanks" genannt): In diesen Denkfabriken stehen Tätigkeiten im Vordergrund, die im Anschluss an Analysen durchgeführt werden. Hier entstehen z. B. konkrete strategische Konzepte, Lösungen

für spezifische Problemstellungen oder Produktinnovationen. Das Mindset ist tendenziell kreativ und visionär.

Häufig ist in der unternehmerischen Praxis eine Mischung aus beiden Ausprägungsformen vorzufinden, d. h. es werden sowohl analytische („Think") als auch gestaltende Tätigkeiten („Do") durchgeführt. Abb. 3.1 stellt die Ausprägungsformen dar.

Nicht immer wird im Kontext der obigen Definition der Begriff Think Tank verwendet. **Synonym** sind z. B. Bezeichnungen wie **Denkfabrik, Strategieworkshop, Innovation Labs, Ideen Hothouse, Ideation Slam, Design Sprint, Kreativforum** oder **Zukunftswerkstatt.** Darüber hinaus bezeichnen Konferenzveranstalter mitunter ihre Kongresse als Think Tanks. Erschwerend kommt hinzu, dass sich diese Begriffe nicht eindeutig den gerade skizzierten Ausprägungsformen zuordnen lassen und jeder Initiator etwas anderes damit verbindet.

Als kritischer Leser werden Sie sich vielleicht fragen, weshalb es vor dem Hintergrund dieser zahlreichen Termini überhaupt des Begriffs Corporate Think Tank bedarf. Als Begründung lässt sich aufführen, dass dieser eine Art Oberbegriff darstellt, unter dem sich die zahlreichen Varianten zusammenfassen lassen: In allen diesen Foren wird analysiert („Think") oder gestaltet („Do"). Man zieht sich temporär aus dem Tagesgeschäft in einen Seminar-/Kreativraum zurück oder arbeitet sogar permanent in entsprechenden Räumlichkeiten („Tank"). Darüber hinaus wird der Begriff Think Tank in einem betriebswirtschaftlichen Zusammenhang sowohl von Unternehmen selbst als auch in den Medien verwendet. Beispielhaft hierzu einige Schlagzeilen:

- FAZ Net (27.06.2011): **BMW Technology Office – Das Netz ist Weiß-Blau** „Direkt neben der Zentrale von Google arbeiten gut zwei Dutzend BMW-Mitarbeiter als eine Art ausgelagerter „Think Tank". Mit einem Ziel: Neue Technik so schnell wie möglich ins Fahrzeug zu integrieren" [1].

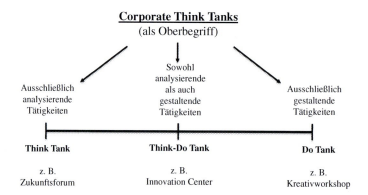

Abb. 3.1 Ausprägungsformen unternehmerischer Think Tanks

- Fortune Tech (15.10.2010): „Google to open „Google Ideas" global technology think tank" [2]
- TUI-Group (Stand 2013): „TUI Think Tank – Denkfabrik für Freizeit & Tourismus" [3]
- Presseportal (31.05.2007): „Tchibo Ideenwettbewerb: Tchibo Think Tank 07" [4]
- N24.de (14.02.2016): Singularity University – In 29 Jahren ändert sich alles für die Menschheit „Google ist ein Gründungspartner dieser privaten Benefit Corporation […]. Es handelt sich um eine vielleicht einzigartige Schimäre aus Teilzeituniversität, Thinktank und Start-up-Investor" [5].

Neben der Differenzierung in analytische und/oder gestaltende Think Tanks existieren auch im Hinblick auf die **Vorgehensweise** sowie die **organisatorische Ansiedlung** eine Vielzahl unterschiedlicher Formen. Im Kap. 4 werden Sie hierzu zahlreiche Praxisbeispiele kennenlernen. Einige gängige Varianten sind in Abb. 3.2 zusammengefasst.

Die **drei Varianten** lassen sich im Einzelnen wie folgt erläutern:

1. **Corporate Think Tanks als ausgegliederte Bereiche** zeichnen sich dadurch aus, dass zum eigentlichen Unternehmenssitz eine räumliche oder zumindest organisatorische Distanz existiert. Als Grund für eine solche Maßnahme wird aufgeführt, dass sich innerhalb der als bürokratisch empfundenen Strukturen eines Großunternehmens Kreativität nur ungenügend entfaltet. Der Harvardprofessor Christensen vertritt sogar die These, dass etablierte Unternehmen nur durch eine Auslagerung ihrer Innovationsaktivitäten zur Entwicklung disruptiver Produkte oder Technologien fähig seien. Entsprechend sind diese Denkfabriken häufig als „Do Tanks" anzusehen und sind mitunter in spektakulären Räumlichkeiten untergebracht. Alternativ gründen Unternehmen Tochterunternehmen, initiieren Joint Ventures oder beteiligen sich an Start-ups.

Bezeichnung	Befristung	Beispiele für Formate	Für wen geeignet?
Ausgegliederte Bereiche	Permanent installiert	• Innovation Labs/Innovation Center • Akzeleratoren/Inkubatoren zur Beteiligung an/Beobachtung von Start-ups	Einsatz i. d. R. bei großen Unternehmen
Projektgruppen/ Workshops	Zeitlich begrenzt	• Kreative Projektgruppen • Intensive Workshops und Events (z. B. Zukunftswerkstatt, Strategietag, Innovationsworkshop, Beiräte)	Einsatz bei Unternehmen jeder Größe
Externe Dienstleister	Zeitlich begrenzt	• Designagenturen • Ideenproduzenten • Initiativen	Einsatz bei Unternehmen jeder Größe

Abb. 3.2 Corporate-Think-Tank-Varianten im Überblick

Eine weitere Variante ist ein gehobenes Trendscouting von technologiegetriebenen Großunternehmen. Sie betreiben beispielsweise im Silicon Valley Büros, um auf diese Weise die dynamischen Entwicklungen der Gründerszene vor Ort mit zu verfolgen. Aufgrund des hohen Aufwands (Räumlichkeiten, Personal, etc.) ist dieses Format permanent installierter Denkfabriken insbesondere bei Großunternehmen anzutreffen.

2. **Corporate Think Tanks als Projektgruppen/Workshops** werden sowohl von Unternehmen als auch von anderen Initiatoren (z. B. Initiativen, Verbände) durchgeführt. Die Intention besteht darin, in kurzer Zeit effizient und zielorientiert Analysen durchzuführen oder nach neuen Ideen zu suchen. Eine spezielle Vorgehensweise bzw. ein Format stehen im Vordergrund. Der Ort der Durchführung ist zweitrangig (aber natürlich nicht unbedeutend). Die anfallenden Kosten für einen solchen zeitlich begrenzten Think Tank können (je nach Format) niedrig gehalten werden. Insofern ist diese Variante für Unternehmen jeder Größenordnung geeignet. Gelegentlich initiieren sogar Abteilungen oder Funktionsbereiche Think Tanks, um z. B. über die eigene strategische Ausrichtung innerhalb des Unternehmens nachzudenken.

3. **Corporate Think Tanks als externe Dienstleistung** werden von Designschmieden oder Ideenagenturen angeboten. Als „Do Tanks" haben sie sich darauf spezialisiert, Ideen für Neuprodukte oder Lösungen für sonstige Problemstellungen zu generieren. Je nach Auftragsumfang eignet sich bei Bedarf die Inanspruchnahme dieser kommerziellen Think Tanks für Unternehmen jeder Größe. Darüber hinaus werden im Technologieumfeld zunehmend teil-kommerzielle Initiativen gegründet.

Ausgegrenzt wurden in der Abb. 3.2 solche Think-Tank-Formate, die nur sehr vereinzelt als solche benannt werden. Beispielsweise spricht die Deutsche Post DHL von ihrer Inhouse-Consultingeinheit als einem Think Tank [6]. Genauso bezeichnet die Deutsche Bank ihr hauseigenes volkswirtschaftliches Institut „DB Research" [7]. Letzteres ist von der Arbeitsweise und der Denkhaltung her eher vergleichbar mit einem Wirtschaftsinstitut, das zu den politisch/gesellschaftlich ausgerichteten Think Tanks gezählt wird.

> **Kernaussagen – Business-Kontext: Think Tanks in der unternehmerischen Praxis**
> Corporate Think Tanks können als Foren, Projektgruppen oder Geschäftsbereiche definiert werden, in denen sich interdisziplinäre Teams aus unternehmensinternen Mitarbeitern und/oder unternehmensexternen Experten/Kunden mit zukunftsorientierten Fragestellungen beschäftigen. Grundsätzlich können zwischen analytisch ausgerichteten Think Tanks, gestaltenden Do Tanks sowie Mischformen unterschieden werden. Inhaltlich wird in den unternehmerischen Denkfabriken ein breites Themenspektrum bearbeitet. Meist geht es um zukunftsgerichtete Aspekte wie Foresight (z. B. Trends, Zukunftsfaktoren), Strategien und Innovation. Differenzierungsmerkmale von Think Tanks sind beispielsweise der Ort der Durchführung, die zeitliche Dauer (befristet oder permanent installiert) sowie unterschiedliche Formate.

Literatur

1. Schinhofen, P. (2011). BMW Technology Office – Das Netz ist Weiß-Blau. FAZ.NET vom 27.06.2011. http://www.faz.net/aktuell/technik-motor/auto-verkehr/bmw-technology-office-das-netz-ist-weiss-blau-14606.html. Zugegriffen: 17. Nov. 2013.
2. Weintraub, S. (2010). Google to open „Google Ideas" global technology think tank. Fortune Tech vom 15.08.2010. http://tech.fortune.cnn.com/2010/08/15/google-to-open-google-ideas-global-technology-think-tank/. Zugegriffen: 17. Nov. 2013.
3. Tui Group Internetpräsenz. (2013). http://www.tui-group.com/de/innovation/think_tank. Zugegriffen: 17. Nov. 2013.
4. NA-Presseportal. (2013). „Karriere mit guten Ideen – Tchibo Ideenwettbewerb Tchibo Think Tank 07" vom 31.05.2007. http://www.presseportal.de/pm/9283/994840/karriere-mit-guten-ideen-tchibo-ideenwettbewerb-tchibo-think-tank-07. Zugegriffen: 17. Nov. 2013.
5. Dörner, S. (2016). Singularity University – In 29 Jahren ändert sich alles für die Menschheit. Die Welt, N24 vom 14.02.2016. http://www.n24.de/n24/Wissen/Technik/d/8069080/in-29-jahren-aendert-sich-alles-fuer-die-menschheit.html. Zugegriffen: 14. Feb. 2016.
6. Internetpräsenz der Inhouse Consulting Deutsche Post DHL. (2013). http://www.exciting-challenges.com/cms/en/index.jsp#/en/inhouse_consulting/who_we_are/inhouse_consulting. Zugegriffen: 25. Nov. 2013.
7. Internetpräsenz von DB Research. (2013). https://www.dbresearch.de. Zugegriffen: 21. Nov. 2013.

4 Das Einsatzspektrum: Beispiele für unternehmerische Think Tanks

Im nachfolgenden Kapitel werden Themenspektrum und Variantenreichtum von Corporate Think Tanks verdeutlicht. Mit einer **Aufzählung von Praxisbeispielen** möchte ich Sie als Leser inspirieren. Einzelne der vorgestellten Formate könnten für den von Ihnen verantworteten Bereich eine praktikable Vorgehensweise darstellen. Aus Gründen der Vertraulichkeit gegenüber meinen Klienten habe ich in der Mehrzahl solche Fallbeispiele ausgewählt, von denen allgemein zugängliche Quellen berichten. Als grundlegende Struktur wird Abb. 3.2 aus dem vorangegangenen Kapitel verwendet, wenngleich die Beispiele nicht immer ganz klar einer Kategorie zuzuordnen sind.

4.1 Visionär und eigenständig: Corporate Think Tanks als ausgegliederte Bereiche

Zunächst stehen einige Think Tanks im Fokus, die als eigenständige Bereiche räumlich bzw. organisatorisch außerhalb von Konzernzentralen und Firmenniederlassungen etabliert worden sind. Außergewöhnliche Raumkonzepte sind häufig ein wesentlicher Bestandteil dieser Art von Think Tanks. Es überwiegen gestaltende Think Tanks, bei denen es inhaltlich oft um die Entwicklung von Innovationen geht. In Abb. 4.1 sind die Charakteristika dieser Denkfabriken dargestellt.

4.1.1 Xerox Corporation: PARC

Als einer der ersten Corporate Think Tanks gilt der legendäre „Xerox PARC" des US-amerikanischen Fotokopiererherstellers Xerox Corporation. Der Hintergrund für die Gründung einer eigenen Denkfabrik war, dass Ende der 1960er/Anfang der 1970er Jahre einige wichtige Patente ausliefen und Xerox befürchtete, gegenüber der asiatischen

Bezeichnung	Befristung	Beispiele für Formate	Für wen geeignet?
Ausgegliederte Bereiche	Permanent installiert	▪ Innovation Labs/Innovation Center ▪ Akzeleratoren/Inkubatoren zur Beteiligung an/Beobachtung von Start-ups	Einsatz i. d. R. bei großen Unternehmen

Abb. 4.1 Corporate-Think-Tank-Variante: Ausgegliederter Bereich

Konkurrenz technologisch zurückzufallen [1]. So rekrutierte das Unternehmen ab 1970 geniale Tüftler sowie die besten und leidenschaftlichsten Techniker und Forscher für den Aufbau einer eigenen Kreativschmiede namens PARC (Palo Alto Research Center). Palo Alto liegt in Kalifornien, in der Nähe von San Francisco, tausende Kilometer entfernt von der New Yorker Konzernzentrale. Die Zielvorgabe lautete: „Legt los und erschafft die neue Welt!" [1]. Dieser Think Tank hätte eine große Erfolgsgeschichte werden können. Die Forscher entwickelten bahnbrechende neue Produkte wie zum Beispiel den Laserdrucker oder das Ethernet, vor allem aber den Prototypen eines PCs mit der ersten grafischen Benutzeroberfläche sowie einer Textverarbeitungssoftware [2]. Dieser Xerox-Alto-Rechner war der visionäre Entwurf eines Computers, der schon sehr ähnlich zu dem war, wie wir ihn heute kennen. Das Problem bestand darin, dass die Entscheidungsträger in den Chefetagen im entfernten New York (mit Ausnahme des Laserdruckers) in keiner Weise die Visionen der hauseigenen Denkschmiede nachvollziehen konnten. Man verstand sich als Hersteller von Fotokopierern und nicht als Software- oder Computerspezialist. Der ehemalige PARC-Mitarbeiter John Warnock kritisierte in diesem Zusammenhang: „Keiner in New York verstand die Vision. Es schien dort niemand über die Zukunft des Büros nachgedacht zu haben. Die hatten keine Vorstellung davon, wie sie unsere Einfälle in Produkte umsetzen sollten" [2]. Im Zuge eines Investments von Xerox bei Apple wurde als Gegenleistung die Tür zum Xerox PARC für Steve Jobs und seine Kollegen geöffnet. Diese Entscheidung wurde in der New Yorker Konzernzentrale getroffen, sehr zum Missfallen der Mitarbeiter im PARC. Der visionäre Apple-Gründer kommentierte den Besuch einer Produktdemonstration bei Xerox PARC im Jahr 1979 mit den Worten „Es war das Beste, was ich in meinem Leben gesehen hatte und innerhalb von Minuten war mir klar, dass alle Computer einmal so arbeiten würden" [3]. Bill Gates von Microsoft schilderte seine Besuche und die von Steve Jobs ähnlich: „Wir sind doch die beiden Jungs, die einen reichen Nachbarn hatten, der immer die Tür aufgelassen hatte" [4]. Und so überließ Xerox die Kapitalisierung der bahnbrechenden Entwicklungen und Ideen anderen: Apple brachte mit dem Apple LISA einen der ersten Personalcomputer mit einer Maus sowie einem Betriebssystem mit grafischer Benutzeroberfläche auf den Markt, dem wenig später der Apple Macintosh folgte, Microsoft sein Betriebssystem MS-DOS und schließlich Windows. Einige PARC-Mitarbeiter wurden selbst zu Unternehmensgründern, u. a. John Warnock mit Adobe [4]. Zeitzeugen berichten, dass Apple und Microsoft nicht nur die Produktentwicklungen von PARC kopiert hätten. Sie ließen sich zudem in vielfältiger Weise von den Ideen aus der Xerox-Denkfabrik inspirieren. Steve Jobs vertrat die Ansicht, dass Xerox mit den PARC-Erfindungen die gesamte Computerbranche hätte dominieren können [5].

Dieses Beispiel illustriert anschaulich, wie ein Think Tank trotz größter kreativer Leistung wirtschaftlich für den Initiator scheitern kann. In der Denkfabrik arbeiteten junge, leidenschaftliche und brillante Entwickler. Parallel hierzu hätte es eines visionären Managements bedurft, das in Ergänzung zu dem bisherigen Geschäftsmodell die Innovationen als Wachstumschance hätten nutzen können. So aber unterblieb die Vernetzung des Think Tanks mit den Topmanagern von Xerox in New York. Lernen kann man von diesem Fallbeispiel, dass eine Unternehmensleitung bereits im Vorfeld den Rahmen eines Think Tanks abstecken sollte. Geht es nur um inkrementelle Verbesserungen und kleine Innovationen oder aber sollen auch disruptive Ideen generiert werden? Bezogen auf Xerox: Heißt das Suchfeld „neue Ideen für Kopierer" oder aber „neue Ideen für die Büroarbeit der Zukunft"? Letzteres hätte in gänzlich neuen Geschäftsmodellen münden können. Starten die Akteure eines Corporate Think Thanks mit unklaren Zielen, so ist die Gefahr groß, Ideen zu produzieren, die für die Entscheidungsträger nicht infrage kommen. In diesem Fall ist allerdings eines sicher: Der Frust der Mitwirkenden in einer Denkfabrik – analog zu den Mitarbeitern von Xerox PARC.

PARC existiert übrigens noch immer. 2002 wurde die Denkfabrik als unabhängige Tochter von Xerox neu ausgerichtet. Man arbeitet heute als Dienstleister für Forschung & Entwicklung mit umfassenden Serviceleistungen speziell auch für andere Unternehmen, Start-ups und Regierungseinrichtungen. Der Slogan von PARC lautet zutreffend „The Business of Breakthroughs" [6].

4.1.2 Alphabet: Google X; We Solve for X; Jigsaw

Das Mitte der 1990er Jahre entstandene Unternehmen Google hat sich von einem Suchmaschinenanbieter zu einem weltweit führenden Technologiekonzern entwickelt. Google, bzw. die 2015 neu geschaffenen Holding Alphabet, arbeitet fortlaufend an Innovationen und der Identifikation von Zukunftsmärkten, sehr häufig jenseits der ursprünglichen Kernkompetenz. Als Beispiel seien die Projekte Google Streetview, die Datenbrille Google Glass oder das Investment in die Firma SolarCity erwähnt. Alphabet hat gleich mehrere Corporate Think Tanks initiiert.

Google X

Unter dem Namen **Google X** wurde 2010 eine Art Geheimlabor gegründet, in dem Ingenieure und Experten an zahlreichen Technologieprojekten arbeiten. Das Innovation-Lab ist in einem zweistöckigen Gebäude untergebracht, einen knappen Kilometer entfernt vom Hauptsitz im Silicon Valley [7]. Da Google mittlerweile unter der Holding Alphabet firmiert, wurde der Name Google X verkürzt auf „X". X steht dabei – analog zu einer mathematischen Unbekannten – für die Lösung eines herausragenden Problems, wie

z. B. der Klimawandel, mittels bahnbrechender Technologien [8]. Man bezeichnet sich als **Moonshot Lab** und zieht damit die Analogie zu den immensen Herausforderungen bei der ersten Mondlandung. Unter Moonshots versteht man spektakuläre Ideen, die die Welt verändern. Die New York Times verglich diese Denkfabrik bereits mit dem ambitionierten Xerox PARC, zumal auch hier einige der derzeit besten Tüftler und Ingenieure arbeiten [9]. Der Unterschied dürfte allerdings darin bestehen, dass die Google-Unternehmenslenker um den Gründer Larry Page die Visionen der Akteure bei „X" teilen und sogar als maßgebliche Treiber und Motivatoren wirken. Der deutschstämmige Sebastian Thrun – im Silicon Valley ein Star der Innovationsszene – wirkte maßgeblich beim Aufbau des Forschungszentrums mit. Unter seiner Leitung etablierte sich der Anspruch, keine Zeit mit der Arbeit an inkrementellen Verbesserungen zu verbringen, sondern fokussiert radikale Innovationen zu generieren [10]. Dazu gehören solche, die für Laien jenseits der Vorstellungskraft liegen [10]. Angeblich werden derzeit etwa 100 Projekte bearbeitet, darunter das fahrerlose Auto und das Projekt Loon, bei dem die Entwickler sich damit beschäftigen, wie Ballons in der Stratosphäre die Internetversorgung in DSL-fernen Gebieten übernehmen können [11]. Auch Google Glass und eine spezielle Kontaktlinse, die den Blutzuckerspiegel von Diabetikern über deren Tränenflüssigkeit misst, wurden hier maßgeblich entwickelt.

We Solve for X
Eng verzahnt mit „X" ist das offene Technologieforum **We Solve for X,** von den Medien als ein projektbezogener Think Tank bezeichnet. Für technologisch interessierte Menschen („Moonshot Thinkers") stellt diese Plattform und die seit 2012 jährlich veranstalteten Konferenzen eine Möglichkeit zum Austausch und Informieren dar [12]. Forscher und Entwickler stellen auf den Events ihre bahnbrechenden Ideen vor. Die Teilnehmer diskutieren diese dann in kleineren Gruppen im Hinblick auf Potenziale und Umsetzungschancen. Die Veranstaltungen werden mittlerweile auf der ganzen Welt durchgeführt. 2015 fand erstmalig ein We-Solve-for-X-Event in Europa statt (Berlin). Die Moonshot-Projekte werden thematisch in 8 Cluster zusammengefasst [12].

- Künstliche Intelligenz & Robotik
- Computer & Vernetzung
- Energie, Ressourcen & Müllvermeidung
- Ernährung & Wasser
- Gesundheit & Genetik
- Wissen & Lernen
- Materialien & Produktion
- Sicherheit & Infrastruktur

Alphabet selbst profitiert von dieser Initiative, denn es ermöglicht die Verknüpfung von dort diskutierten Themen und Ideen mit den im eigenen Entwicklungslabor durchgeführten Projekten. Darüber hinaus setzt sich das Unternehmen als Technologieführer in Szene und erfährt eine Menge über Bedürfnisse und Problemstellungen der Menschheit im Allgemeinen und der Technologieszene im Speziellen.

Jigsaw

2010 wurde der Think/Do Tank **Google Ideas** in New York gegründet. Die Denkfabrik sollte insbesondere technologische Problemlösungen für Menschen in Entwicklungsländern und Krisenherden hervorbringen [13]. Der Think Tank suchte dabei die Zusammenarbeit mit anderen Technologieunternehmen, Non-Profit-Organisationen und akademischen Forschungseinrichtungen [14]. Eine Zielsetzung bestand darin, kritisch denkenden Menschen in totalitären Regimen sowohl freien Zugang zum Internet als auch eine sichere Kommunikation zu ermöglichen [15]. Das entsprechende, innovative Produkt mit dem Namen „uProxy" wurde 2013 auf der Konferenz „Google Ideas Summit" in New York vorgestellt und ist eine Webbrowser-Erweiterung, die mit der Unterstützung von Forschern der Universität Washington und einem Softwareunternehmen entwickelt wurde [15].

Im Zuge des Rebranding von Google zu Alphabet wurde im Februar 2016 bekannt gegeben, dass Google Ideas zu einem Technologie-Inkubator expandiert und unter dem Namen **Jigsaw** geführt wird [16]. Die Arbeitsschwerpunkte liegen weiterhin bei den Themen Zugang zu Information sowie Bekämpfung von Sicherheitsrisiken im IT-Umfeld [16].

Zusammenfassend kann festgestellt werden, dass Alphabet auf diverse Think-Tank-Formate setzt. Innovationen sind fester Bestandteil der Unternehmenskultur und in diesem Kontext kommen Denkfabriken gezielt zum Einsatz. Dabei wird mit „X" in Teilen ein Fokus auf Closed Innovation gelegt. Innovation im Geheimen war (und ist manchmal noch) der vorherrschende Ansatz von vielen Unternehmen der Old Economy. Eine solche Vorgehensweise soll die eigenen Innovationsaktivitäten möglichst lange vor Wettbewerbern geheim halten. Da Alphabet gelegentlich Innovationen vor der Marktreife sehr offensiv und öffentlichkeitswirksam in Szene setzt (z. B. Google Glass), verfolgt das Unternehmen zugleich auch einen offenen Umgang mit neu entwickelten Produkten. Die anderen Think Tanks von Alphabet sind im Bereich der Open Innovation angesiedelt und nutzen gezielt die kollektive Kreativität der internationalen Technologieszene.

Besonders bemerkenswert ist bei Alphabet die Quantität von Innovationsprojekten. Das Unternehmen managt ein ganzes Portfolio von Innovationschancen und streut damit sein Risiko.

4.1.3 Cisco Systems: Emerging Technology Group; Innovation Centre

Einige Silicon-Valley-Unternehmen, die in den 1980er Jahren gegründet wurden, verzeichneten im Internetboom der 1990er ein rasantes Wachstum, das häufig in einem

Börsengang mündete. Wenn ehemals kreative und verrückte Garagenfirmen erfolgreich sind und über die Jahre stark wachsen, laufen sie Gefahr, etwas von ihrem innovativen und dynamischen Geist zu verlieren. Unternehmensgröße korreliert nicht selten mit einem wachsenden operativen Tagesgeschäft, einem zunehmend komplexeren Verwaltungsapparat und Schwerfälligkeit. So zeigt eine Studie von Shai Bernstein, Professor an der Stanford University, dass nach einem Börsengang die Innovationstätigkeit von Unternehmen mitunter erheblich nachlässt [17]. Der Forscher glaubt, dass sich mit einem IPO (Initial Public Offering – das erstmalige Angebot von Unternehmensaktien an einer Börse) das innovative Mindset ändert und das Management einen stärkeren Fokus auf die Belange seiner Kapitalgeber legt.

Ein Beispiel: Das 1984 im Silicon Valley gegründete TK/IT-Unternehmen Cisco Systems wuchs im Internetboom der 1990er Jahre zu einem Global Player heran. Bekannt ist die Firma vor allem für seine Router und Switches. Im März 1990 erfolgte der Börsengang. Zur Jahrtausendwende gingen die Wachstumsraten erheblich zurück. 2006 entschied sich das Unternehmen, ein Inhouse-Start-up zu gründen, um den kreativen Spirit vergangener Jahre zu reaktivieren und – trotz zur Schwerfälligkeit neigender Unternehmensgröße – langfristig sicherzustellen. Der Think Tank „**Emerging Technology Group**" bekam die Anweisung, innerhalb von fünf Jahren 20 neue Produkte mit einem Verkaufsvolumen von mindestens einer Milliarde US-Dollar zu entwickeln [18]. Als weitere Zielsetzung sollten diese neuen Produkte die bestehenden ergänzen und nicht kannibalisieren. Im Unterschied zum Beispiel von Xeroc PARC gab es hier also einen klaren Rahmen und eine klare Erwartungshaltung des Topmanagements. Interessant ist zudem, dass sich die Emerging Technology Group neben der eigenständigen Entwicklung von neuen Produkten auch Inspiration von außen holte und aktiv einen Open-Innovation-Ansatz verfolgte: Im Jahr 2010 führte man zum wiederholten Mal den Innovationswettbewerb I-Price durch. Kreative Enthusiasten und Unternehmer wurden eingeladen, ihre Ideen für das nächste Milliardengeschäft von Cisco einzureichen. Als Preisgeld wurden 250.000 US$ für den Gewinner ausgelobt. Die Resonanz war groß: 2900 Entwickler aus 156 Ländern reichten 824 Ideen ein [19]. Themengebiete vergangener Cisco-I-Price-Wettbewerbe waren: Die Zukunft der Arbeit, The Connected Life, Neue Möglichkeiten des Lernens, Die Zukunft des Entertainment [20].

Trotz dieser Maßnahmenpakete zur Wahrung von Wachstumschancen hatte Cisco Systems einige Jahre mit großen Schwierigkeiten zu kämpfen. Durch veränderte Rahmenbedingungen, wie z. B. aggressive Billiganbieter, disruptive Technologien wie dem Cloud Computing und dem immer mobiler werdenden Internet, war das Geschäftsmodell des Unternehmens laut Analystenmeinung existenziell bedroht [21]. In den Jahren nach 2011 baute das Unternehmen 12.000 Stellen ab. Ein Fehler in der Konzeption des beschriebenen Think Tanks bestand rückblickend darin, dass man bewusst nur solche Produktideen generieren wollte, die bestehende Produkte nicht verdrängen durften. Ein solcher Ansatz schließt von vornherein disruptive Ideen aus. Die Disruptionen wurden schließlich von anderen Unternehmen vorangetrieben.

4.1 Visionär und eigenständig: Corporate Think …

Cisco lernte daraus und richtete sein Innovationsmanagement neu aus. Mit strategischen Investments, beispielsweise in die Start-ups Insiene [21] oder JouleX [22], kaufte das Unternehmen vielversprechende Produktideen und Innovationen von außen hinzu und scheint den Turnaround geschafft zu haben.

Darüber hinaus hat Cisco auf der ganzen Welt **Innovation Center** etabliert, mit Standorten in Australien (Sydney und Perth), Barcelona, Berlin, London, Rio de Janeiro, Songdo, Tokyo und Toronto [23]. Das Credo: „The Cisco IoE (Internet of Everything) Innovation Centers accelerate opportunities, deepen relationships, and foster innovation" [23]. Das Vorgehen lässt sich wie folgt zusammenfassen [23]:

- Fokussierung auf die Chancen und Möglichkeiten des Internet of Everything (IoE)
- Entwicklung von Lösungen in Zusammenarbeit mit Partnern und Start-ups
- Einsatz von Rapid Prototyping als wesentlichem Prozessbestandteil
- Investitionen in bzw. Etablierung von Partnerschaften mit Start-ups, Akzeleratoren und Universitäten

2015 eröffnete Cisco das Innovation Center „openBerlin" in einem renovierten industriellen Ziegelsteinbau, um in einer offenen Plattform mit Partnern, Start-ups und universitären Instituten nach neuen Ideen zu suchen [24]. Die Investition belief sich auf 26 Mio. EUR. Nach Unternehmensangaben handelt es sich um das intelligenteste Gebäude in Berlin [24]. Das Haus ist beispielsweise mit mehr als 5000 Sensoren ausgestattet, die vollautomatisch Beleuchtung und Raumtemperatur steuern [25]. Unter dem schrägen Dach wurde eine Art Entspannungszone für die Mitarbeiter eingerichtet. Diese darf nur ohne Schuhe betreten werden [25]. In einer Micro Factory stehen Ausrüstung und Materialien für den Bau von Prototypen zur Verfügung. Mit der Standortwahl Berlin wurde der Tatsache Rechnung gezollt, dass sich die Stadt zu einem der maßgeblichen Start-up Centren Europas entwickelt hat. Der Schwerpunkt der Arbeit von openBerlin soll auf die Themen Fertigung, Logistik und Transport fokussiert werden [26].

Stand 2016 arbeiten dort 40 Start-ups. Cisco verwendet für diese Einrichtung die Begriffe Open Innovation Plattform, Demo Area, Co-Working Space und Think Tank [25]. Mit letzterem wird der übergeordnete Kontext beschrieben, ein heterogener Mix an Kollegen, Unternehmern, Akademikern und der Entwickler-Gemeinschaft, die sich gegenseitig austauschen und vernetzen.

Dem Innovation-Centern liegen drei grundlegende **strategische Prinzipien** zugrunde [27]:

1. From Years to Weeks (d. h. eine erhebliche Verkürzung der Entwicklungszeiten).
2. From Corporate Driven to Market Driven (d. h. eine konsequente Marktausrichtung).
3. From Closed to Open (d. h. offene Innovationen als übergeordnete Philosophie).

Das Vorgehen in den einzelnen Projekten spiegelt sich in folgendem **Prozess** wider [27]:

1. Gemeinschaftliches Entwickeln innovativer Konzepte
2. Prototypenbau
3. Iteration einschließlich eines kundenbasierten „Proof of Concept"
4. Gemeinschaftliche Entscheidung:
   - Projekt-Stop zu einem frühen Zeitpunkt *oder*
   - Projekt-Fortsetzung bis hin zu einer vermarktbaren Lösung innerhalb von 6 Monaten

Die Innovation-Centre von Cisco spiegeln den derzeitige Zeitgeist im Hinblick auf das Innovationsmanagement von global agierenden Unternehmen wider. Konsequent umgesetzt ist die Standortauswahl und Ansiedlung in den wesentlichen Technologie-Hotspots.

4.1.4 Global Player: Technologisches Trendscouting, Akzeleratoren und Inkubatoren

Für die Dynamik der Gründerszene interessieren sich vermehrt große Konzerne. Insbesondere der Ruf des kalifornischen Hightech-Zentrums Silicon Valley ist legendär, denn derzeit scheinen die spektakulärsten Ideen und innovativsten Produkte dort zu entstehen. So mehren sich die Berichte über Politiker und Topmanager, die die Region um San Francisco besuchen, um zu lernen und sich inspirieren zu lassen [28]. Allein die Hauptzentrale von Google zählt pro Woche etwa vier bis fünf deutsche Firmenchefs, die sich vor Ort informieren möchten [29].

Viele große Unternehmen, wie z. B. BMW, Daimler, VW, Siemens, Deutsche Telekom, SAP, oder der Versicherungskonzern AXA, leisten sich sogar eine Dependance im Silicon Valley, um vor Ort die Entwicklung der Start-up-Szene zu beobachten. Diese Niederlassungen werden nicht selten von den Unternehmen selbst als Think Tanks bezeichnet. Folgende Zielsetzungen werden in der Regel verfolgt:

- Identifikation von vielversprechenden Trends und Innovationen mit einem technologisch ausgerichteten Trendscouting.
- Realisierung von „Kreativinvestments" durch die Beteiligung an interessanten Start-up-Unternehmen.
- Entwicklung eigenständiger Innovationen in einer dynamischen Umgebung mit idealen Standortbedingungen.

Etliche Technologiekonzerne setzen nicht mehr ausschließlich auf Innovationen ihrer eigenen Forschungs- und Entwicklungsabteilungen. Ein großer Trend besteht darin, strategische Investments in vielversprechende Start-ups zu realisieren, um zu lernen und von

4.1 Visionär und eigenständig: Corporate Think …

der dort vorherrschenden Dynamik zu partizipieren. Daimler war beispielsweise einige Zeit lang an Tesla Motors beteiligt. Das kalifornische Unternehmen um den Gründer Elon Musk produziert serienmäßig Elektroautos. Mercedes konnte auf diese Weise an den Innovationen des jungen US-amerikanischen Wettbewerbers zumindest indirekt partizipieren. Ein anderes Beispiel: Die amerikanische Handelskette Wal-Mart betreibt im Silicon Valley die Wal-Mart Labs mit einem Fokus auf der Entwicklung zukunftsweisender eCommerce-Strategien [30]. In Ergänzung zu den eigenen Aktivitäten kaufte Wal-Mart Labs im Zeitraum 2010 bis 2013 über zehn Start-up-Unternehmen auf.

Häufig wird das Start-up-Engagement bei großen Unternehmen unter dem Dach von sogenannten Akzelerator- oder Inkubator-Programmen realisiert.

▶ **Akzelerator** [31] Ein Akzelerator („Beschleuniger") ist eine Institution, die Start-ups in einem befristeten Zeitraum durch Bereitstellen von Arbeitsplätzen, Coaching, strategischer und technischer Unterstützung oder Netzwerk zu einer schnelleren Entwicklung verhilft. Ziel ist häufig, innerhalb weniger Monate ein marktreifes Produkt zu entwickeln. Beispielsweise initiieren große Unternehmen Wettbewerbe und anschließend Boot Camps, durch die die Jungunternehmen im obigen Sinne unterstützt werden. Im Gegenzug erhalten die Akzeleratoren dann Anteile an dem Start-ups oder eine Gewinnbeteiligung.

Beispiel für ein Akzelerator-Programm ist der 2012 gegründete hub:raum der Deutschen Telekom in Berlin [32]. Das Programm ist gezielt auf solche Start-ups ausgerichtet, die mit ihren Ideen der Telekom bei der Transformation und Entwicklung der eigenen Märkte helfen können [33]. Das Verlagshaus Springer reagiert auf die Disruption im Zeitungs- und Zeitschriftenbereich mit einem verstärkten Investment in digitale Start-ups und betreibt den Accelerator Plug and Play [34]. Hiefür hat die Axel Springer SE eigens ein Joint Venture mit dem Plug and Play Tech Center gegründet, einem der führenden Start-up-Investoren und -Akzeleratoren aus dem Silicon Valley. Zudem ist der ProSiebenSat.1-Akzelerator im Medienbereich engagiert. Start-ups werden hier mit € 25.000 unterstützt und erhalten die Möglichkeit, Werbespots auf den Kanälen der ProSiebenSat.1-Gruppe zu schalten [35]. Microsoft betreibt seinen Ventures Accelerator an mehreren Standorten. Neben Unternehmen initiieren auch staatliche Institutionen Akzelerator-Programme, wie z. B. der German Accelerator durch die Bundesregierung. Ziel ist hier, deutschen Start-ups den Zugang zum US-amerikanischen Markt zu ermöglichen.

▶ **Inkubator** [36] Ein Inkubator („Brutkasten") ist eine Institution, in der Start-ups über einen längeren Zeitraum begleitet und unterstützt werden. Er schafft kontrollierte Bedingungen für Entwicklungs- und Wachstumsprozesse. Häufig sind Ideen Inhouse entstanden und sollen durch Start-ups realisiert werden.

Bekanntes Beispiel für einen Inkubator ist Rocket Internet, gegründet von den Samwer-Brüdern. Das Handelsunternehmen Tengelmann besitzt mit Tengelmann Ventures eine eigene Beteiligungsgesellschaft und ist beispielsweise Miteigentümer des Schuhhändlers Zalando [37]. Darüber hinaus sind Inkubatoren häufig bei Universitäten und Forschungseinrichtungen angesiedelt.

Unternehmen verfolgen Strategien des technologischen Trendscouting oder eigene Akzelerator-/Inkubator-Programme, um vom kreativen Spirit, der Kultur und den Ideen der Gründerszene zu partizipieren. Die Harvard Business Review spricht in diesem Zusammenhang von einem neuen Innovationsmodell für große Unternehmen, indem sie ihre unternehmerisch-gestalterischen Aktivitäten sozusagen outsourcen [38].

4.1.5 BASF: New Business GmbH

Der Chemieriese BASF misst dem Stellenwert von Innovationen eine herausragende Bedeutung bei. 2015 beliefen sich die Forschungs- und Entwicklungsausgaben nach Unternehmensangaben auf 1,95 Mrd. €, etwa 10.000 Mitarbeiter arbeiteten weltweit in diesem Bereich an 3000 Forschungsprojekten, und 1200 Patente wurden angemeldet [39]. Damit gehört die BASF nach einem Ranking der Unternehmensberatung Boston Consulting Group zu den weltweit 50 innovativsten Unternehmen [40]. Die BASF arbeitet im Forschungsbereich international mit einer großen Anzahl von Partnern zusammen, darunter Universitäten, andere Industrieunternehmen, Hightech-Joint-Ventures und Start-ups [41].

Nur wenige Meter von der Ludwigshafener Konzernzentrale entfernt residiert die 2001 gegründete **BASF New Business GmbH** als eine 100 %ige Tochtergesellschaft des Chemiekonzerns. Der Think Tank hat sowohl analytische als auch gestaltende Aufgaben übernommen. In der Einheit „Scouting & Incubation" werden Trends und innovative Suchfelder identifiziert und im Hinblick auf deren Wachstumspotenzial analysiert [42]. Vielversprechende Themengebiete werden dann von der Einheit „Geschäftsaufbau" als Wachstumsfelder für die BASF erschlossen. Nach Unternehmensangaben gehören dazu folgende Themen [43]:

- E-Power Management (Entwicklung neuer Materialien und energieeffizienter Technologien für die Stromwertschöpfungskette)
- Organische Elektronik (Entwicklung innovativer Produkte auf der Basis von neuen organischen Halbleitermaterialien)
- Gesundheitswesen (Entwicklung von innovativen Produkten unter Berücksichtigung der hausinternen Materialkompetenz, z. B. im Bereich Mundpflege oder Wundversorgung)
- Generative Schichtfertigung (Entwicklung von Materialien für den industriellen 3D-Druck)

Der Bereich „Geschäftsaufbau" forciert neben der Zusammenarbeit mit anderen Forschungsbereichen der BASF auch den Aufkauf von geeigneten Start-up-Unternehmen. Hierfür wurde die Tochtergesellschaft **BASF Venture Capital GmbH** gegründet, von der mittlerweile ein breites Investmentportfolio gemanagt wird [44]. Diese Beteiligungen ermöglichen den Zugang zu neuen Technologien und vielversprechenden Produktentwicklungen.

Als traditionsreiches Unternehmen und Weltmarktführer im Bereich Chemie setzt die BASF demnach auf vielfältige Aktivitäten im Hinblick auf die Generierung von Innovationsideen sowie die Erschließung von Wachstumsfeldern. Spannend ist, dass die BASF New Business GmbH auch solche Wachstumsfelder identifiziert, die außerhalb bzw. am Rand der heutigen Kernkompetenzen der BASF liegen.

Erneut wird mit diesem Beispiel verdeutlicht, dass große Unternehmen neben ihren klassischen, internen Forschungs- und Entwicklungsabteilungen auch auf externe Einheiten setzen, um ihre Zukunftsfähigkeit zu sichern.

4.1.6 Merck: Innovation Center

Gegenwärtig etablieren viele Großkonzerne sogenannte Innovation Center, in Ergänzung zu bestehenden Forschungs- und Entwicklungsabteilungen. So verfügen beispielsweise die Deutsche Telekom, die Deutsche Bahn oder der Logistikdienstleister DHL über solche Forschungslabs. Die Zielsetzung besteht darin, das Innovationsmanagement mit einer neuen Denkhaltung zu beleben. Dies geschieht häufig in spektakulären Bauten. Die Einrichtung ist bunt, verspielt, ausgestattet mit Lounge- oder Designermöbeln sowie Hightechgeräten. In der Anmutung fühlt man sich an die spektakulären Niederlassungen von Google erinnert. Methodisch kommen Tools wie Design Thinking oder der Business Model Canvas zum Einsatz (siehe Kap. 8).

Die große Chance der Innovation Center besteht darin, den hier zweifelsohne anzutreffenden kreativen Spirit zielgerichtet für die aktive Zukunftsgestaltung zu nutzen. Sobald allerdings die Umsetzung des innovativen Outputs in den hierarchisch geprägten Organisationsstrukturen der Großunternehmen stattfinden soll, ergeben sich große Herausforderungen: Kreatives, mutiges Unternehmertum und schnelles Agieren trifft auf konservative Skeptiker sowie ausgeprägtes Silodenken. Die Verzahnung der Innovation Center mit Initiativen zur Veränderung der grundlegenden Unternehmenskultur gilt daher als unabdingbar.

Ein Beispiel: Der Darmstädter Pharmakonzern **Merck** hat 2015 am Rand des Unternehmensgeländes sein **Innovation Center** mit über 1400 qm Nutzfläche eröffnet [45]. Im Erdgeschoss befindet sich ein großer loftartiger Veranstaltungsraum als Co-Creation Space mit Bibliothek, Küche und langem Tresen [46]. Socializing ist hier in den Pausen möglich und gewünscht, schließlich entstehen in einem eher informellen Rahmen oftmals die besten Ideen. Ein kleinerer Besprechungsraum ist mit einer Innenwand aus durchsichtigem Glas ausgestattet. Auf Knopfdruck wird diese intransparent und sorgt damit für Privatsphäre [47]. Die Einrichtungsgegenstände sind sehr flexibel einsetzbar, da etwa Stehtische oder Whiteboards mit Rollen ausgestattet sind. Ein fahrbarer iPad-Ständer ermöglicht, dass Mitarbeiter aus anderen Standorten beispielsweise bei Brainstroming-Sessions hinzugeschaltet werden können und über die Web-Camera ihre Kollegen sehen. Umgekehrt ist auf dem iPad-Display für die Akteure im Innovation Center der Kollege sichtbar. Angrenzende Großraumflächen stehen Projektteams temporär zur Verfügung. Dem Innovation Center von Merck wird ab 2018 durch den Umzug in einen Neubau eine noch größere Fläche zur Verfügung stehen.

Im Innovation Center von Meck stehen schwerpunktmäßig vier Tätigkeitsbereiche im Vordergrund [48]:

- Der **Merck Accelerator** ist eine Initiative für Start-ups aus den Bereichen Healthcare, Life Science und Performance Materials [49]. Nach einer Bewerbungsphase und einem Pitch lädt Merck die Gewinnerteams für eine 3-monatige Arbeits-/Coachingphase in das Innovation Center ein und beteiligt sich finanziell über eine stille Partnerschaft. Neben Darmstadt findet das Programm auch in Nairobi statt.
- **Funktionsübergreifende Innovationsprojekte** sind im Innovation Center angesiedelt und werden logistisch sowie durch Coaching, Trainingsveranstaltungen und Workshops unterstützt. Dies sind Aktivitäten, wie sie in einem klassischen Do-Tank stattfinden.
- Im **Innovation Think Tank** werden zukünftige Trends und Technologien analysiert und im Hinblick auf deren Chancenpotenzial für Merck beurteilt. So setzte man sich 2015 mit dem Thema Indoor Farming auseinander [50].
- In der **Merck Innovation Academy** werden Trainingsveranstaltungen und Events konzipiert und angeboten.

Das Innovation Center ist verzahnt mit dem unternehmensinternen Transformationsprogramm FIT FOR 2018, welches den kulturellen Wandel zu einem effizienten und innovationsfreudigen Unternehmen fördern soll [51]. Visuell wurde der Kulturwandel durch die Einführung eines neuen Corporate Designs und Logos unterstrichen. Der Auftritt wirkt für ein traditionelles Unternehmen erstaunlich jung, bunt und dynamisch. Er sorgte in der Presse und wohl auch bei einigen Mitarbeitern für Erstaunen und kontroverse Diskussionen [52].

Anzumerken ist, dass die Aktivitäten im Innovation Center von Merck in Ergänzung zu den Innovationsbemühungen in den einzelnen Geschäftsbereichen realisiert werden. Dies bedingt eine neue Offenheit für bereichsübergreifende Forschungs- und Entwicklungsarbeit in den bestehenden Strukturen.

4.1.7 Ikea: Space10

Space10 ist ein externer Innovation Hub für das schwedische Möbelhaus **IKEA** [53]. Seit Ende 2015 werden im angesagten Kopenhagener Trendviertel Meatpacking District auf 1000 qm Fläche Ideen und Konzepte rund um das Thema „Wohndesign der Zukunft" generiert. Eingerichtet ist der Do Tank mit umgestalteten Ikeamöbeln.

Der schwedische Einrichtungskonzern trägt mit der Initiierung von Space10 dem Gedanken Rechnung, dass insbesondere der sogenannte Outsider Advantage neue kreative Konzepte freisetzen und einer vermeintlichen Betriebsblindheit entgegenwirken kann. So arbeiten im Space10 keine Ikeamitarbeiter. Ikea übernimmt noch nicht einmal selbst die Rekrutierung der dort wirkenden Designer und Kreativen, sondern überlässt dies der dänischen Agentur Rebel [54]. Durch diese Vorgehensweise wird sichergestellt, dass Ikea nicht der Versuchung unterliegt, ausschließlich solche Menschen mit der Zukunftsarbeit zu beauftragen, die zu stark dem bestehenden Unternehmens-Mindset entsprechen. Zudem arbeiten viele Freelancer nur temporär an den Projekten, zum Beispiel in der Rolle eines Resident Designers [55]. Durch wechselnde Akteure werden immer wieder frisches Denken und neuer Input sichergestellt.

Das zugrunde liegende Format namens „Lab" setzt im Doing stark auf Tempo sowie einen Mix aus Veranstaltungen, wie Vorträge, Workshops, Hackathons, Pitch Nights, Ausstellungen sowie Gemeinschaftsprojekte mit anderen Institutionen [56]. Jedes Quartal wird ein Lab mit einem neuen Schwerpunktthema gestartet [57]: Zwei Monate stehen für Inspiration, Ideengenerierung und den Bau von Prototypen zur Verfügung. Einen Monat lang wird für die breite Öffentlichkeit ausgestellt und getestet. Fresh Living war beispielsweise ein Thema, bei dem sich die Kreativen im Space10 mit einem gesünderen und nachhaltigeren Lebensstil auseinandergesetzt haben [58]. Entstanden sind dabei unter anderem die Idee und der Prototyp eines Produkts namens Heat Harvest, mit dem überschüssige Wärme im Haus (etwa von heißen Tellern oder Küchengeräten) in Elektrizität verwandelt werden kann, um z. B. ein Smartphone zu laden [59]. Der Heat Harvest kann in Möbeln wie Tischen eingebaut oder als eigenständiges Gerät genutzt werden.

Space10 ist als offenes Format konzipiert. Neben Pop-up-Ausstellungen und den Programmen für die breite Öffentlichkeit existiert zudem eine Online-Community-Plattform, an der Interessierte wie Designer und Kreative mitwirken können [60].

Die Erkenntnisse und Ideen aus Space10 sollen für Ikea einen Beitrag für das langfristige Zukunftsdenken leisten. Der Zeithorizont betrifft die Ikeawelt in 10 bis 20 Jahren und es werden bewusst disruptive Ansätze gesucht [57]. Insofern ist Space10 ein außergewöhnliches Experiment und unterscheidet sich in diesem Punkt von anderen Formaten wie Innovation Center oder Akzeleratoren. Dort ist häufig bereits das Generieren der unmittelbar nächsten Generation an Neuprodukt- oder Geschäftsideen von herausragendem Interesse und/oder es wird strategisch eine eher mittelfristige Perspektive angestrebt.

4.1.8 Procter & Gamble: Clay Street Project

Der US-amerikanische Konsumgütergigant **Procter & Gamble** wird in der Innovationsszene regelmäßig als Benchmark genannt. Bekannte Marken wie Ariel, Gillette oder Pampers gehören zu dem Unternehmen. Procter setzt auf eine Vielzahl von Aktivitäten zur Generierung von Neuproduktideen sowie zur Identifikation von Wachstumschancen. Im Rahmen der Innovationsstrategie „Connect + Develop" werden z. B. gezielt Open-Innovation-Aktivitäten mit externen Ideengebern forciert [61]. Als interner Innovation Think Tank kann das **Clay Street Project** bezeichnet werden [62, 63]. Procter nutzt eine ehemalige Brauerei in der Innenstadt von Cincinnati als Kreativlabor. Das fünfstöckige Gebäude liegt in der Clay Street, einige Straßen vom Hauptsitz des Unternehmens entfernt und wurde 2004 loftartig umgebaut und mit Besprechungsräumen sowie Kreativzonen versehen. Projektbezogen arbeiten hier multidisziplinäre Teams (meist Procter-Mitarbeiter) für circa zwei bis zwölf Wochen. Die Teilnehmer kommen aus der ganzen Welt und werden für die Dauer eines Clay Street Projects von ihren jeweiligen Tagesaufgaben entbunden. Die Teams sollen sich vollständig auf die ihnen gestellte Aufgabe konzentrieren und nicht durch klingelnde Mobiltelefone oder eingehende E-Mails gestört werden. Das grundlegende Motto: Kreativität entfachen und für eine Problemstellung des Unternehmens praxisorientiert anwenden. Es handelt sich folglich um eine Art „Do Tank". Die Teilnehmer sollen dabei den kreativen Mindset eines Start-up-Unternehmens imitieren. Führungskräfte von Procter, die sich mit größeren Herausforderungen in ihren jeweils verantworteten Bereichen konfrontiert sehen, können sich für ein Clay Street Project bewerben. Klassische Themen sind zum Beispiel die folgenden Fragestellungen [62, 63]:

- Wie können einzelne Marken neu belebt werden?
- Worin können bahnbrechende Innovationen bestehen?
- Welche neuen Wachstumsfelder lassen sich identifizieren?
- Wie können Herausforderungen in einem Change-Management-Projekt gemeistert werden?

Die Tageszeitung Cincinnati Enquirer beschreibt die Vorgehensweise wie folgt [64]: Wird ein Projektvorschlag akzeptiert, so erfolgt eine bereichsübergreifende Teamzusammenstellung z. B. aus den Abteilungen Marketing, Vertrieb, Finanzen, Marktforschung und Design. Oft sind es Personen, die in ihrem normalen Arbeitsalltag von dem zu bearbeitenden Thema in irgendeiner Weise betroffen sind. Erfahrene Moderatoren betreuen ein Team, wobei für die Projektdauer absolute Hierarchiefreiheit herrscht: Jobtitel spielen keine Rolle. Die Projektteilnehmer verbringen die ersten Tage ausschließlich damit, neue Denkansätze kennenzulernen. Unter anderem beschäftigt man sich mit Improvisationstheater. Es soll die Teilnehmer darauf vorbereiten, später auf den Ideen ihrer Kollegen aufzubauen. Häufig werden externe Referenten eingeladen, deren Aufgabe darin besteht, das Team zu inspirieren und eine neue und offene Denkweise zu etablieren. Als ein Beispiel für ein erfolgreiches Clay Street Project gibt Procter die Repositionierung der Shampoomarke Herbal Essences an. Nahezu alle Facetten des Markenauftritts wurden überarbeitet, inklusive der Zielgruppenansprache: Frauen der Generation Y (also Frauen, die zur Jahrtausendwende ihre Teenagerzeit verbrachten). Neben diesem Erfolg konnte Procter nach Angaben des Cincinnati Enquirer auch durch weitere Clay Street Projekte mehrere Millionen Dollar an Mehrumsatz generieren.

Methodisch wird ein nutzerzentrierter Ansatz verfolgt, bei dem sämtliche Überlegungen auf den Kunden bzw. Anwender ausgerichtet sind. Dafür werden Design-Thinking-Elemente (siehe Abschn. 8.5) in die Projektarbeit integriert [62, 63]. Die Trainer und Moderatoren fungieren als methodische Know-how-Träger sowie Strukturgeber und unterstützen die Teams. Sie stellen auch eine Teamkultur sicher, in der das Akzeptieren von geäußerten Ideen und gegenseitige Ergänzen im Vordergrund steht und nicht das sonst in Meetings vorherrschende Kritisieren und Zerreden von neuen Ideen. Als Orientierungsrahmen erhält das Team eine klar umrissene Aufgabenstellung, ist zugleich aber autonom in der Art und Weise der Themenbearbeitung [65].

Auf der Website zum Clay Street Project kommen einige ehemalige Projektmitglieder zu Wort [66]. Die Alumni blicken alle mit großer Begeisterung auf ihre Zeit in dem Think Tank zurück und ziehen das Fazit, dass innerhalb ihrer alltäglichen Arbeitsstrukturen solch eine konzentrierte, effiziente und zugleich kreative Themenbearbeitung nie möglich gewesen wäre.

4.1.9 SAP: AppHäuser

Als wichtiger Bestandteil seiner Innovationskultur hat der international führende Anbieter von Unternehmenssoftware SAP weltweit seit einigen Jahren sogenannte **AppHäuser** ins Leben gerufen [67]. Sie dienen u. a. dazu, eine positive Außenwirkung in den Bereichen Kundenorientierung und Innovationsfreudigkeit zu erzielen. Standorte gibt es neben Deutschland u. a. in den USA, Kanada, Israel, Indien, China, Irland und Frankreich. SAP verfolgt dort vorrangig die Zielsetzung, in gemeinsamen Co-Innovation-Workshops die eigenen Produkte mit Kunden in Bezug auf die User Experience der Anwender zu verbessern bzw. neue Lösungen zu generieren. Methodisch arbeitet man mit Design Thinking (siehe Abschn. 8.5).

2013 wurde auf 350 qm Fläche das AppHaus in Heidelberg eröffnet [68]. Wie auch bei zahlreichen anderen fest installierten Corporate-Think-Tanks fiel die Wahl auf eine alte Industriefläche, die in umgestalteter Form eine inspirierende Start-up-Umgebung ermöglichen soll [69]. Eine große, loftartige Workshopfläche wurden so gestaltet, dass sie eine flexible Nutzung ermöglicht: Die Möbel, Sitzmöglichkeiten und Whiteboards sind verschiebbar. Die Küche kann zugleich als Konferenzraum genutzt werden. Zudem existieren vier kleinere, thematisch unterschiedlich ausgestattete Besprechungsräume mit einer Fläche von jeweils rund 10 qm [69, 70]:

- Sherlock-Holmes-Raum
  - Gestaltung: In grüner Farbe im viktorianischen Stil
  - Vorgesehene Nutzung: Forschung und Analyse
- Lego-Raum
  - Gestaltung: Bunter Teppich, Stehtisch, Barhocker, alles in knalligen Farben
  - Vorgesehene Nutzung: Problemlösungen generieren und bewerten
- Tausendundeinenacht-Raum
  - Gestaltung: Orientalische Anmutung
  - Vorgesehene Nutzung: Zum Fantasie anregen und für Storytelling
- Bauhaus-Raum
  - Gestaltung: Nüchterne Ausstattung im Bauhaus-Stil
  - Vorgesehene Nutzung: Design neuer Lösungen

Das AppHaus Heidelberg gehört zum SAP Design and Co-Innovation Center. Dort wurden bereits zahlreiche Kundenprojekte erfolgreich realisiert, beispielsweise mit dem Spieleanbieter Gameforge, der Deutschen Eishockey Liga und dem Nationalen Zentrum für Tumorerkrankungen [69]. Aktuelle Praxisbeispiele werden regelmäßig auf den Social-Media-Seiten des AppHauses Heidelberg gepostet [71].

> **Kernaussagen – Visionär und eigenständig: Corporate Think Tanks als ausgegliederte Bereiche**
>
> Der Harvard Professor Clay Christensen vertritt die These, dass große Unternehmen dazu neigen, in ihren Forschungs- und Entwicklungsabteilungen inkrementelle (also kleinere) Verbesserungen an ihren bestehenden Produkten zu entwickeln. Für radikale oder disruptive Innovationen empfiehlt er, Denkfabriken oder Entwicklungslabore außerhalb bestehender Organisationsstrukturen zu etablieren. Die in diesem Kapitel skizzierten Praxisbeispiele von externen und zugleich permanent installierten Think Tanks verdeutlichen diesen Ansatz.
>
> Der Fokus der beschrieben Denkfabriken liegt häufig auf einer gestaltenden Ausrichtung („Do Tanks"). Anzumerken ist, dass zahlreiche der genannten Unternehmen mehrere Aktivitäten zur Generierung von Innovationsideen parallel initiiert haben (z. B. Alphabet, BASF oder Procter & Gamble). Corporate Think Tanks sind nur eine davon.

4.2 Experimentell und temporär: Corporate Think Tanks als Projektgruppen/Workshops/Events

Think Tanks werden von Unternehmen am häufigsten temporär eingesetzt, um etwa eine aktuelle Problemstellung zielorientiert zu bearbeiten. Dabei steht oft das Format im Vordergrund. Darunter versteht man eine spezifische Vorgehensweise verbunden mit dem

Bezeichnung	Befristung	Beispiele für Formate	Für wen geeignet?
Projektgruppen/Workshops	Zeitlich begrenzt	• Kreative Projektgruppen • Intensive Workshops und Events (z. B. Zukunftswerkstatt, Strategietag, Innovationsworkshop, Beiräte)	Einsatz bei Unternehmen jeder Größe

Abb. 4.2 Corporate-Think-Tank-Variante: Projektgruppe/Workshop

Einsatz unterschiedlicher Methoden. Der Ort der Durchführung ist hier – im Gegensatz zu den vorherigen Beispielen – zweitrangig. Die zeitliche Dauer solcher Denkfabriken reicht von eintägigen Workshops bis hin zu mehrwöchigen Projekten. Der Vorteil sehr kurzer Think Tanks besteht darin, mit vergleichsweise geringem Aufwand schnell zum Ziel zu kommen. Die grundlegende Ausrichtung kann sowohl analytisch als auch gestaltend sein. In Abb. 4.2 wird zusammenfassend darauf eingegangen.

4.2.1 Atlassian: ShipIt Days

Das australische Unternehmen **Atlassian** mit Sitz in Sydney wurde 2002 als Anbieter von Softwarelösungen für Softwareentwickler gegründet [72]. Das einstige Start-up konnte zwischenzeitlich international wachsen und beschäftigt mittlerweile über 1100 Mitarbeiter [73].

Einmal im Quartal gibt das Unternehmen seinen Angestellten die Möglichkeit, im Rahmen eines 24-stündigen Intensiv-Do-Tanks an eigenen Ideen zu arbeiten, z. B. um Produkte zu verbessern oder aber um gänzlich neue zu entwickeln. Atlassian verfolgt dabei die Absicht, dass die Mitarbeiter an einem **ShipIt Day** völlig frei sind, solange ihre Projekte in irgendeiner Art und Weise mit den Leistungen des Unternehmens zusammenhängen. Dieser Tag hieß früher FedEx Day, in Anlehnung an das Versprechen des Paketzulieferers, über Nacht eine Sendung zuzustellen [74]. Heute spricht Altassian von den ShipIt Days und die Analogie ist dieselbe geblieben: über Nacht eine Innovation ausliefern [75]. Als Anerkennung wird die beste Idee einer 24-Stunden-Session mit einer ShipIt-Siegertrophäe belohnt. Auf seiner Webseite skizziert Atlassian das Credo des – in der Entwicklersprache auch Hackathon (siehe Abschn. 4.2.3) genannten – Tages [75]:

- „Kreativität fördern – Wenn es keine Regeln gibt, ist alles möglich.
- Ärger abbauen – Jeden Mitarbeiter nervt irgendetwas an den Produkten und ShipIt gibt die Möglichkeit, daran zu arbeiten.
- Radikale Veränderung – ShipIt ermöglicht es, auch radikale Ideen zu verfolgen, die sonst keine Priorität haben.
- Spaß haben – Aktionen wie ShipIt machen Atlassian zu einem Ort, an dem die Arbeit Spaß macht."

Mittlerweile hat sich bei Atlassian für die Durchführung des Think Tanks ein fester Zeitplan etabliert [76]. Im Vorfeld der Veranstaltung werden zwei Brainstormings abgehalten, um nach geeigneten Themen zu suchen. Kurz vor dem eigentlichen ShipIt Day verfassen die Teilnehmer eine sogenannte Shipment Order, in der ihr jeweils angedachtes Projekt kurz beschrieben und begründet wird. Darüber hinaus soll skizziert werden, was man in den 24 h erreichen möchte. Übrigens arbeiten nur einige wenige Mitarbeiter die ganze Nacht durch an ihrem Projekt. Die Mehrzahl der Teilnehmer fährt abends nach Hause und arbeitet am Folgetag weiter. Der ShipIt Day schließt mit dreiminütigen Ergebnispräsentationen der Teilnehmer und einer Wahl zur Auszeichnung der besten Idee.

Interessant an der Vorgehensweise ist, dass bei Atlassian ein fester Rhythmus etabliert wurde. Einmal im Quartal ist die Kreativität der Mitarbeiter gefordert. Sie können Dinge infrage stellen und in einem gewissen Rahmen ihre Leidenschaft ausleben. Dies kann dazu führen, dass Angestellte im Hinblick auf Produktverbesserungen und Innovationen aufmerksamer sind, da der nächste ShipIt Day in spätestens drei Monaten auf der Tagesordnung steht.

4.2.2 Google Ventures: Design Sprint

Google Ventures wurde 2009 als Wagnisfinanzierungsgesellschaft gegründet, um sich an vielversprechenden Start-ups zu beteiligen [77]. Seit 2015 firmiert das Tochterunternehmen von Alphabet unter dem Kürzel **GV**. Das gemanagte Portfolio an Firmenbeteiligungen hatte Anfang 2016 einen Wert von 2,4 Mrd. US$ [78]. Die nachfolgende Auflistung zeigt die fünf Schwerpunktbereiche mit einigen beispielhaften Investments [79]:

- Consumer (z. B. der Online-Vermittlungsdienst für Fahrleistungen UBER oder die Kaffeehauskette Blue Bottle Coffee)
- Life Science & Health (z. B. die Gen- und Biotechnologiefirma editas Medicine oder der Gentestanbieter 23andMe)
- Data & Artificial Intelligence (z. B. das Cloud-Softwareunternehmen Cloudera oder der Spezialist für Cyber-Sicherheit Anomali)
- Enterprise (z. B. das Musiklabel Kobalt Music oder Slack, ein Anbieter von Instant-Messaging-Diensten für die Kommunikation innerhalb von Teams)
- Robotics (z. B. Carbon3D, ein Experte für 3D-Druck oder der Hersteller von intelligenter Software für Bürogebäude namens Building Robotics)

GV beschränkt sich nicht auf ein passives Investment. Die Alphabet-Tochter praktiziert das sogenannte Venture Capital Service Model, welches vorsieht, den beteiligten Unternehmen Unterstützung in den Bereichen Design, Produktmanagement, Marketing, Ingenieurwesen sowie Rekrutierung zukommen zulassen [80].

4.2 Experimentell und temporär: Corporate Think ...

In diesem Kontext kommt das ursprünglich bei Google entstandene und bei GV weiterentwickelte Format **Design Sprint** zum Einsatz. Maßgeblich entwickelt wurde diese Vorgehensweise von Jake Knapp, einem Design Partner bei GV, der Hunderte von Sprints mit Start-ups begleitet und zu diesem speziellen Prozess mit zwei Kollegen ein Buch publiziert hat [81]. Die Zielsetzung besteht darin, in nur einer Woche einen kompletten Entwicklungszyklus zu durchlaufen, Prototypen zu entwickeln und zu testen. Dies erfordert eine sehr fokussierte Arbeitsweise und eine stringente Moderation. Abb. 4.3 gibt einen Überblick zu dem fünftägigen Do Tank [82].

Der Prozess konnte erfolgreich in den unterschiedlichsten Branchen angewendet werden. Auf der Internetpräsenz von GV sowie im Buch von Jake Knapp werden die fünf Tage präzisiert [81, 82]:

Am **Montag** („Unpack") arbeitet das Team schwerpunktmäßig daran, das individuelle Wissen zu einer Problemstellung in einer heterogen zusammengesetzten Gruppe für alle transparent zu machen. Das Sprintziel wird festgelegt, User Stories werden beschrieben, Erkenntnisse zusammengetragen und ein Schwerpunkt gesetzt. Am **Dienstag** („Sketch") visualisiert jedes Teammitglied zunächst individuell Lösungsvorschläge. Die vielfältigen Ideen werden dann in der Gruppe zusammengeführt und einer ersten Bewertung unterzogen. **Mittwoch** („Decide") steht im Zeichen einer weiteren Präzisierung und Auswahl. Storyboards werden gezeichnet, als Grundlage der zu erstellenden Prototypen. Zudem werden die am Freitag stattfindenden Interviews geplant. Am **Donnerstag** („Prototype") werden innerhalb eines Tages ein oder mehrere Prototypen fertig gestellt. **Freitag** („Test") werden diese im Rahmen von Einzelinterviews mit Anwendern überprüft. Zum Ende des Tages liegen erste Erkenntnisse vor, ob die Idee vielversprechend ist, die Prototypen einer weiteren Iteration bedürfen oder der Ansatz nicht weiterverfolgt werden sollte.

Ein hohes Maß an Geschwindigkeit in Kombination mit Design Thinking (siehe Abschn. 8.5) sowie weiterer agiler Methoden sind die Kennzeichen des Design Sprints. Als ideale Gruppengröße werden maximal sieben Personen empfohlen. Mehr Teilnehmer gehen zulasten der Arbeitsgeschwindigkeit. Im Gegensatz zum Design Sprint vergehen in klassischen Gründungs- oder Innovationsprozessen häufig Monate, bis Prototypen Anwendertests unterzogen werden. Der immense Zeit- und Ressourcenaufwand einschließlich ausufernder Debatiermeetings liefert dabei häufig keine besseren Ergebnisse. Diese Erkenntnis setzte sich auch beim GV Team durch, die mit Sprints in unterschiedlicher Länge von bis zu 6 Wochen experimentiert hatten [80]. Daher basiert die

Abb. 4.3 Fünftägiger Prozess des Design Sprints

Philosophie des Design Sprints auf Zeitdruck und strikter Fokussierung. Innerhalb einer Woche kann ein Produktentwicklungsprozess sicherlich nicht abschließend fertig gestellt werden. Ein Team kommt allerdings mit der Generierung einer Lösung ein großes Stück voran. Der Design Sprint fungiert als Beschleuniger.

Neben dem Design Sprint existieren bei GV etliche weitere, bewährte Vorgehensweisen. Interessierten Designern und Innovationsmanagern werden diese in einer Online Library zur Inspiration vorgestellt [83]. Beispielsweise hat GV einen viertägigen Research Sprint kreiert, in der die zentralen Fragen bezüglich der Marktfähigkeit und Erfolgswahrscheinlichkeit eines Start-ups behandelt werden [84].

4.2.3 Zalando: Hack Week

Unter IT-Spezialisten ist Ende der 1990er-Jahre das Format Hackathon entstanden. Der Begriff setzt sich aus den Wörtern „Hack" und „Marathon" zusammen. Auf speziellen Veranstaltungen, die von einigen Stunden bis zu mehreren Tagen dauern können, arbeiten Gruppen mit einem idealerweise interdisziplinären Teilnehmerkreis in einer Art Wettbewerbssituation an einem Thema. Häufig steht die Generierung von Produktideen/-verbesserungen für Software im Vordergrund. Am Ende des Hackathons pitchen die Projektteams ihre Ideen sowie Prototypen und meist wird durch eine Jury ein Siegerteam prämiert [85]. Mittlerweile gehören solche Do Tanks zum festen Repertoire der Programmierer-Szene.

Ein Beispiel: 2013 hat der auf Schuhe und Mode spezialisierte Onlinehändler Zalando erstmalig eine fünftägige **Hack Week** initiiert. Das Veranstaltungsformat hat sich bewährt und wird von dem Unternehmen mittlerweile einmal jährlich an unterschiedlichen Standorten durchgeführt. Mehrere hundert Zalando-Mitarbeiter mit technischem Aufgabengebiet sind während dieser Woche von ihren sonstigen Aufgaben entbunden und widmen sich in kleinen Teams eigenen Ideen und Projekten [86]. Das Themenspektrum reicht von neuen Prozesstools für die Logistikzentren über kreative Payment-Lösungen bis zu neuen Features in der Zalando-App [87].

Innerhalb der Woche finden zudem weitere Aktivitäten statt, wie z. B. eine Game Night, Coachings zur Design-Thinking-Methode oder inspirierende Vorträge [87]. Die Hack Week endet mit einer Abschlussfeier, auf der die besten Ideen nach zweiminütigen Pitches in 12 Kategorien (z. B. „Bestes Software Coding Projekt" oder „Beste Innovation") prämiert werden [87]. Die vielversprechendsten Projekte werden dann in ein internes Programm namens Slingshot überführt, in dem Teams drei Monate lang daran arbeiten, Konzepte und Prototypen zu testen bzw. weiter zu verbessern [86].

Die Hack Week ist Bestandteil des Konzepts Radical Agility. Das Unternehmen Zalando beschreibt darin seine grundlegende Philosophie bezüglich der Voraussetzung von Innovation und Flexibilität [86]:

- Purpose: Fokussierung auf ein bestimmtes Ziel
- Autonomy: Völlige Freiheit auf dem Weg dorthin
- Mastery: Die persönliche Eigenständigkeit für jeden Mitarbeiter
- Trust: Das alles basierend auf gegenseitigem Vertrauen

Neben den innovativen Konzepten und Problemlösungen wird mit solchen Formaten das Ziel verfolgt, Spaß und Leidenschaft im Kontext der beruflichen Tätigkeit zu fördern. Maßnahmen dieser Art zahlen in die firmenspezifischen Strategien eines Employer Branding ein, indem sie das Image eines interessanten Arbeitgebers fördern. Die zugrunde liegende Vorgehensweise einer zeitlichen Konzentration auf ausschließlich ein Projektvorhaben je Teilnehmer ermöglicht fokussiertes Arbeiten ohne störende Unterbrechungen. Aus diesen Gründen kommt die bewährte Vorgehensweise der Hackathons mittlerweile auch im Nicht-IT-Umfeld zum Einsatz, etwa in Form von Innovationstagen oder Ideation-Wochenenden.

4.2.4 TUI: Think Tank „Freizeit & Tourismus"

Der Touristikkonzern **TUI** hatte im Jahr 2011 für fast drei Jahre eine Denkfabrik für Freizeit und Tourismus ins Leben gerufen. Die Zielsetzung des Forums bestand darin, Antworten zu existenziellen Zukunftsfragen des Unternehmens zu finden. Diese wurden mittels Analysen, gedanklichem Austausch von Experten und über Networking bearbeitet [88].

Der Think Tank zeichnete sich im besonderen Maße durch Interdisziplinarität aus. So waren sowohl interne Mitarbeiter als auch externe Experten mit unterschiedlichem Ausbildungshintergrund (z. B. Psychologen, Industriemanager, Marktforscher und Reiseexperten) in der Denkfabrik vertreten. Zu den intern als „Mitdenker" bezeichneten Teilnehmern zählten die folgenden Organisationen [89]:

- BMW Group
- Zweieinheit – Institut für Markt- & Kulturforschung
- Facebook Germany
- Trendbüro – Beratungsunternehmen für gesellschaftlichen Wandel
- ZTB Zukunftsbüro
- Deutsche Telekom AG
- Internationale Hochschule Bad Honnef – Bonn
- Zukunftsinstitut Österreich – Internationale Gesellschaft für Zukunfts- und Trendberatung
- RUF Jugendreisen/Trend Touristik GmbH
- Z_punkt The Foresight Company
- Bayern Tourismus Marketing GmbH
- Hamburg Tourismus GmbH

- Köln Tourismus GmbH
- Gründungspartner Dragon Trail Interactive

Die Heterogenität in der Teilnehmerzusammensetzung brachte den Vorteil mit sich, dass sehr unterschiedliches Expertenwissen in die Arbeitsergebnisse des Think Tanks einfließen konnte. Branchenfremde Teilnehmer stellten zudem sicher, dass keine touristisch eingefärbte Betriebs- bzw. Industriezweigblindheit aufkam.

Die Akteure des TUI Think Tanks trafen sich in mehr oder weniger regelmäßigen Abständen. Methodisch kamen Expertenworkshops und Marktforschungsanalysen als Input zum Einsatz.

Thematisch standen seinerzeit folgende Entwicklungen und Trends im Mittelpunkt der Arbeit der Denkfabrik [90]:

- Neue Wachstumsmärkte (z. B. der Incoming-Tourismus aus der Volksrepublik China in Europa)
- Tourismuswissenschaft (Förderung einer stärkeren Zusammenarbeit zwischen Tourismusforschung und -industrie)
- Generation Internet (z. B. die Veränderung des Reise- und Buchungsverhaltens der 16- bis 35-Jährigen)

Der TUI Think Tank stellt ein weiteres Beispiel für einen sehr offenen Umgang mit der Bearbeitung zukunftsgerichteter Themen dar. Neben der Einladung von externen Teilnehmern zu den Sitzungen der Denkfabrik wurden sehr öffentlichkeitswirksam einige Arbeitsergebnisse gestreut, beispielsweise in einschlägigen Fachmedien der Tourismusbranche. Die Ausrichtung des Think Tanks kann tendenziell als analytisch bezeichnet werden.

Neben der TUI setzen immer mehr große Unternehmen solche oder ähnliche Foren ein. So existieren beispielsweise Strategie-, Innovations- oder Kundenbeiräte, mithilfe derer versucht wird, relevante Trends, mögliche Zukunftsentwicklungen oder einfach nur Verbesserungsvorschläge zu identifizieren. Diese Beiräte bestehen häufig – analog zu dem TUI Think Tank – aus externen Experten, Partnern oder Kunden. Unternehmen verfolgen mit solchen Denkfabriken die Zielsetzung, sich Know-how anzueignen und Ideen jenseits der eigenen Zukunftsüberlegungen zu generieren. Die Herausforderung besteht darin, für den Teilnehmerkreis die Treffen und Arbeitsweise auf Dauer interessant zu gestalten. Häufig ist man mit der Problematik konfrontiert, dass nach einer anfänglichen Euphorie die Anwesenheit der Experten nach einer gewissen Zeit stark rückläufig ist. Ähnlich wie bei der TUI werden daher solche Formate oft nach wenigen Jahren wieder eingestellt.

4.2.5 ARAG: Führungskräftekonferenz als Think Tank

Think Tanks können auch in Form von Großgruppenveranstaltungen durchgeführt werden. Ein Beispiel dafür ist eine Führungskräftekonferenz des Versicherungskonzerns **ARAG** [91].

Die ARAG entschied sich auf dem Höhepunkt der Finanzkrise und vor dem Hintergrund einer Rezession mit schwierigem Marktumfeld im Jahr 2009 für die Durchführung einer Führungskräftekonferenz der anderen Art. Statt einer üblichen Tagung initiierte die Personalentwicklungsabteilung eine Denkfabrik. 200 Führungskräfte bearbeiteten dabei zwei präzise formulierte Problemstellungen:

1. Wie kann die Versicherung trotz Finanzkrise und Rezession den Umsatz steigern?
2. Welche internen Abläufe können einfacher gestaltet werden?

30 Gruppen setzten sich auf der Großveranstaltung mit diesen Themen auseinander und generierten Lösungsvorschläge. Jede Gruppe wurde mit einem PC ausgestattet, mit dem sämtliche Geistesblitze unmittelbar erfasst werden konnten. In relativ kurzer Zeit wurden über 400 Ideen zusammengetragen, die schließlich an einen Zentralrechner weitergeleitet wurden. Ein Redaktionsteam fasste die eingegangenen Ideen zu insgesamt 25 Themenclustern zusammen. Im nächsten Schritt konnten die Arbeitsgruppen auf einem virtuellen Marktplatz mit einer fiktiven Währung Anteile an den 25 Themengebieten erwerben. Man kann sich dieses Auswahlverfahren von Ideen wie einen Aktienkauf an einer Börse vorstellen: Als Investor setzt man auf die vielversprechendsten Aktien (hier: Ideen) und nicht auf solche, von deren Zukunftserfolg man nicht überzeugt ist. Bei ARAG wurden die Gruppen schließlich zu den wertvollsten – also den besten – Problemlösungen erneut befragt: Was wäre bei der Umsetzung zu beachten? Welche Ressourcen wären nötig? Welche Hindernisse bestünden?

Drei konkrete Vorschläge wurden unmittelbar nach der Veranstaltung weiterentwickelt und umgesetzt [91].

Dieses Fallbeispiel illustriert, dass Corporate Think Tanks gerade auch in schwierigen Zeiten ein probates Mittel zur Weiterentwicklung der Firmenstrategie darstellen können. Durch die hohe Teilnehmerzahl vergrößert sich einerseits zwar der Koordinationsaufwand, andererseits kann dadurch gezielt die kreative Intelligenz der Mitarbeiter abgeschöpft werden.

4.2.6 Tchibo: Tchibo Think Tank

Das Unternehmen **Tchibo** hat bei der Suche nach innovativen Konzepten einen gänzlich anderen Weg beschritten. Jeweils 2005 und 2007 veranstaltete das Konsum- und Einzelhandelsunternehmen unter dem Titel „Tchibo Think Tank" einen Rekrutierungsevent mit Studenten. Einerseits wurde die Zielsetzung verfolgt, nach neuen Ideen für Tchibo zu suchen, andererseits sollten potenzielle Bewerber gesichtet werden. Zudem verfolgte Tchibo mit dem Think Tank eine Maßnahme des sogenannten Employer Branding, um sich gezielt als attraktiver Arbeitgeber zu präsentieren [92]. Im Vorfeld des Events wurden Studenten eingeladen, sich in zwei- bis vierköpfigen Teams mit einem Konzept für eine neue Geschäftsidee, neue Vertriebsmöglichkeit oder neue Produktidee zu bewerben [93]. Die Ankündigung der Aktion erfolgte u. a. über die Online-Portale StudiVZ und WiWi-Online [92]. 2007 reichten 360 Teilnehmer insgesamt 205 Konzepte ein. 32 Studenten wurden davon ausgewählt und zu dem dreitägigen Think Tank eingeladen, um insgesamt 13 Ideen weiterzuentwickeln [94]. Vor einer hochkarätigen Jury (besetzt u. a. mit Topmanagern von Tchibo) wurden die Ergebnisse präsentiert. 2007 gewannen zwei Architekturstudenten der Fachhochschule Münster. Ihre Idee: ein innovatives Coffee-to-go-Konzept in Form einer Tchibo-Zapfsäule, die an belebten Standorten aufgestellt werden kann [95].

Interessant an dieser Vorgehensweise ist die Tatsache, dass Unternehmen zunehmend in der Kombination „jung" und „extern" nach neuen Ideen suchen. So engagieren sich u. a. Unternehmen wie Henkel, RWE oder Siemens mit seinem Innovation Think Tank an Hochschulen, um sich studentischen Input für Innovationsideen zu sichern.

Seit 2008 setzt Tchibo in puncto Ideengenerierung u. a. auf eine eigene, internetbasierte Crowdsourcing-Initiative (freiwillige Beteiligung interessierter Nutzer oder Kunden) unter dem Namen Tchibo-Ideas [96].

4.2.7 Palomar 5: Außergewöhnlicher „Do Tank"

Gelegentlich entstehen Think Tanks als Initiative völlig außerhalb von Unternehmen. 2009 realisierte beispielsweise eine kleine Gruppe von fünf Freunden ein Non-Profit-Projekt unter dem Namen **Palomar 5** [97]. Die Zielsetzung: mit kreativen jungen Menschen der Generation Y über das Thema „Arbeitswelten der Zukunft" nachdenken und konkrete Vorschläge dafür entwickeln. Palomar 5 ist unter Astronomen als ein Kugelsternhaufen in der Milchstraße bekannt [98]. Dieser Sternhaufen zeichnet sich dadurch aus, dass er bereits mehrmals die Milchstraße durchquerte und dabei Materie abgab. Diese Eigenschaft stand als Metapher Pate für die Denkfabrik: Junge Kreative treffen aufeinander, etwas „Energetisches" entsteht und wird in Form von Ideen an die Welt abgegeben [99].

In Berlin organisierte die Gruppe eine temporäre Zukunftswohngemeinschaft in der Malzfabrik, einer alten Brauerei. Als Hauptsponsor wurde die Deutsche Telekom gewonnen, die mit großem Interesse verfolgte, wie die Generation der Digital Natives in einem kreativen Umfeld arbeitet und Ideen entwickelt. Die Organisatoren von Palomar 5 informierten über ihr Vorhaben fast ausschließlich über Social-Media-Plattformen und rekrutierten aus insgesamt 600 Bewerbungen 28 junge Menschen unter 30 Jahren [97]. Die Teilnehmer aus 13 Nationen waren nicht mit durchschnittlichen Altersgenossen zu vergleichen, denn sie zeichneten sich allesamt durch besonderen Enthusiasmus und spannende Biografien aus. Unter den Berufsgruppen waren u. a. Designer, Firmengründer, Musikmanager, Techniker und Banker vertreten [97]. Im Oktober 2009 traf man sich schließlich, um sechs Wochen lang zusammen zu arbeiten und zu leben sowie Ideen für folgende Fragestellung zu generieren: Wie sieht die Arbeitswelt der Zukunft aus und welche Produktideen gibt es dafür? Da bei diesem Projekt anwendungsorientierte Ideen einschließlich des Baus von Prototypen im Vordergrund standen, definierte sich Palomar 5 nach eigenen Angaben als ein Do Tank [97]. In der projektbezogenen Arbeit organisierten sich die kreativen Enthusiasten zunächst völlig selbstständig. Später erhielten sie Feedback und Unterstützung von Coaches und Experten aus der Wirtschaftspraxis. Insgesamt arbeiteten die Teilnehmer an 15 Projektideen, wie z. B. neu entwickelte Onlinewerkzeuge oder einem Meditationsei für gestresste Mitarbeiter [100]. Beim Summit, der finalen Abschlusspräsentation, erschienen zahlreiche Vertreter namhafter Unternehmen, insbesondere wohl aus Neugier. Zudem stieß die Initiative auf ein sehr großes Presseecho.

Positiv bei Palomar 5 ist das Engagement und die Leidenschaft der jungen Initiatoren sowie der Teilnehmer zu bewerten. Für die beobachtenden Unternehmen war interessant zu sehen, wie unternehmerisch interessierte junge Menschen kreativ denken und arbeiten, wenn man ihnen die entsprechenden Freiräume dazu gibt. Die finalen Ergebnisse reichten im Übrigen von kleinen Spinnereien bis hin zu umsetzungsreifen Konzeptideen.

> **Kernaussagen Experimentell und temporär: Corporate Think Tanks als Projektgruppen/Workshops:**
> Zeitlich begrenzte Think Tanks existieren in der Unternehmenswelt in den unterschiedlichsten Ausprägungsformen: Workshops, 24-stündige Intensivsessions, Ideenforen, Beiräte oder Initiativen, die die Kreativität von Studenten nutzen. Eine spezielle Vorgehensweise bzw. ein Format steht im Vordergrund, nicht zwangsläufig der Ort der Durchführung. Häufig werden gestaltende Tätigkeiten fokussiert, d. h. es werden konkrete Vorschläge und Ideen für zukunftsgerichtete Konzepte oder Innovationen generiert. Eine Ausnahme davon stellen Beiräte dar, deren inhaltlicher Fokus auf analytischen Themen liegt.
>
> Je nach Vorgehensweise können solche Think Tanks pragmatisch und kostengünstig realisiert werden (z. B. in Form eines intensiven Ideentages) oder aber global ausgerichtet und mit hohem Koordinationsaufwand verbunden sein (z. B. das zuvor skizzierte Beispiel Palomar 5).

4.3 Unterstützend und extern: Corporate Think Tanks als Dienstleistung

Die in einem Think Tank zu bearbeitenden Themen werden auch fremd an Dienstleister vergeben. Gestaltende Tätigkeiten (etwa im Bereich Produktentwicklung) werden dabei von Designagenturen und Ideenproduzenten durchgeführt. Darüber hinaus werden spezielle Initiativen rundum Zukunftsthemen von Verbänden, Universitäten und sonstigen Organisationen angeboten. Abb. 4.4 veranschaulicht diese Variante.

4.3.1 IDEO: Legendäre Designschmiede

Ein Beispiel für einen kommerziellen Do Tank ist die international renommierte Designschmiede IDEO. Das 1991 in Palo Alto (USA) und London (UK) gegründete Unternehmen versteht sich als globale Innovationsberatung und kann mittlerweile auf ein Team von über 550 kreativen Mitarbeitern zurückgreifen [101]. Der Mitgründer und Vorstand David Kelly ist ein maßgeblicher Treiber von Design Thinking (siehe Abschn. 8.5), das bei IDEO die wesentliche Arbeitsgrundlage nahezu aller Projekte darstellt. Bei dieser nutzerzentrierten Methode entwickeln spezielle Teams Problemlösungen in einem flexiblen Prozessrahmen mit einer Vielzahl an Tools.

Für IDEO ist das Hervorbringen von Innovationen durch die Schnittmenge von drei ineinandergreifenden Einflussfaktoren beeinflusst [102]:

- Mensch: Was ist aus Sicht der Anwender wünschenswert?
- Technologie: Was ist in technologischer Hinsicht machbar?
- Business: Was ist in einem wirtschaftlichen Kontext tragfähig?

Heterogenität ist ein weiterer grundlegender Erfolgsbaustein der Vorgehensweise der Designschmiede. Jedes Projektteam besteht aus Mitarbeitern mit jeweils völlig unterschiedlichem Ausbildungshintergrund. Man versteht sich als ausgewiesene Profis in einem bewährten Prozess, der eine Expertise in der Branche eines Auftraggebers nicht voraussetzt. Diese Herangehensweise wird sogar als ein entscheidender Vorteil gesehen, da die IDEO-Mitarbeiter dadurch mit einem frischen Blick auf eine Problemstellung ihre Lösungen entwickeln.

Zu den bei IDEO entstandenen Produkten gehören eine Apple-Computermaus, der Palm V PDA, der Leap-Bürostuhl für Steelcase sowie ein intelligenter Stromzähler für Yellow Strom [103]. IDEO hat viele Design-Preise gewonnen und wird regelmäßig in Rankings als einer der beliebtesten Arbeitgeber unter MBA-Studenten sowie als eines der weltweit innovativsten Unternehmen gelistet [102].

Bezeichnung	Befristung	Beispiele für Formate	Für wen geeignet?
Externe Dienstleister	Zeitlich begrenzt	• Designagenturen • Ideenproduzenten • Initiativen	Einsatz bei Unternehmen jeder Größe

Abb. 4.4 Corporate-Think-Tank-Variante: Externer Dienstleister

Mit OpenIDEO verfügt der Dienstleister zudem über eine eigene internetbasierte Crowdsourcing-Plattform [104] für gesellschaftliche Herausforderungen. Als Non-Profit-Organisation entwickelt Ideo.org Problemlösungen im Bereich Sozialer Innovationen (z. B. Armutsbekämpfung und weitere humanitäre Herausforderungen) [105].

4.3.2 Brainstore: Maschinelle Ideenproduktion

Der Schweizer Idea Tank Brainstore war über zwei Jahrzehnte lang ein Dienstleister, der kommerziell auf Kundenwunsch Ideen produzierte. Die Mitgründerin Nadja Schnetzler veröffentlichte 2004 ihr Buch „Die Ideenmaschine", in dem sie die Vorgehensweise von Brainstore näher erläuterte [106]. Sie vertritt die These, dass Ideen gezielt in einem strukturierten Prozess entstehen können und verwendet als Metapher den industriellen Herstellungsprozess. Genauso wie Maschinen Produkte herstellen können, könnte man eben auch mit einem ausgeklügelten Prozess Ideen auf Knopfdruck produzieren.

Brainstore hatte in seinen Räumlichkeiten in Biel einen hervorragenden „Tank", um inspiriert und kreativ mit erprobten Methoden nach Ideen zu suchen. Die Moderatoren setzten dabei auf Schnelligkeit und versuchten auf diese Art und Weise, einen größtmöglichen Ideenoutput zu erzielen. In Spitzenzeiten arbeiteten für Brainstore fast achtzig Mitarbeiter und suchten gemeinsam mit zahlreichen externen Ideenfindern aus den unterschiedlichsten Berufsgruppen oder Studienfächern für große Konzerne wie Microsoft, BMW, Otto oder Migros nach neuen Ideen [107].

Brainstore geriet im Zuge der Wirtschaftskrise in den Jahren 2008 bis 2011 in finanzielle Schwierigkeiten und musste schließlich Konkurs anmelden [108]. Das Unternehmen hatte nach starken Wachstumsjahren viel Geld investiert und wurde von der Wirtschaftskrise überrascht. Der Brainstore-Gründer und Firmenchef Markus Mettler kaufte die Markenrechte und versuchte von der amerikanischen Metropole New York aus einen Neustart [108]. Mittlerweile kann das Unternehmen wieder auf ein wachsendes und vor allem internationales Netzwerk an Innovationsexperten zurückgreifen. Das neue Geschäftsmodell von Brainstore zeichnet sich durch eine Besonderheit aus: Klienten legen erst im Anschluss an ein Projekt und nach Erhalt der Ergebnisse das Honorar eigenständig fest, das sie zu zahlen bereit sind [109].

4.3.3 British Quality Foundation: Ideas Jam

Think Tanks werden auch auf einer übergeordneten Ebene z. B. von Wirtschaftsförderungen, Kammern, Verbänden oder Initiativen für ihre Mitgliedsunternehmen organisiert. Schwerpunkt von solchen Denkfabriken sind meist analytische Themenstellungen, z. B. die gemeinsame Erarbeitung von Trendszenarien. Sind bei solchen Veranstaltungen Unternehmen derselben Branche vertreten, muss die Themenstellung genau bedacht werden, denn die Teilnehmer sind schließlich Konkurrenten.

Folgendes Beispiel illustriert die Vorgehensweise bei einem gestaltenden Think Tank. Der britische Autor und Trainer Paul Sloane berichtet in einem Internet-Blog von der Durchführung eines Ideas Jam bei der **British Quality Foundation (BQF)** [110]. Jam heißt in diesem Kontext so viel wie „gemeinsam improvisieren". Die Teilnehmer der Veranstaltung setzten sich aus Repräsentanten unterschiedlicher Unternehmen und staatlicher Organisationen zusammen. Jeder hatte die Möglichkeit, eine Problemstellung aus dem Berufsalltag einzubringen. Darunter befanden sich Themen wie z. B.:

- Wie kann man unsere neue Strategie den über tausend Mitarbeitern am besten näher bringen? oder
- Wie können wir unser Innovationsmanagement erheblich verbessern?

Zu Beginn der Veranstaltung wurde eine Dreiviertelstunde lang ein Speeddating abgehalten. In dreiminütigen Gesprächsrunden traf jeder Teilnehmer auf einen Partner, dem er seine Problemstellung kurz schilderte. Der Partner fungierte als Berater, stellte Gegenfragen und gab eine erste Empfehlung ab. Nach drei Minuten erfolgte ein Rollenwechsel. Daraufhin startete eine weitere Gesprächsrunde mit einem neuen Gesprächspartner. Auf diese Art und Weise lernten sich die Teilnehmer schnell kennen, und es entstand ein erster Eindruck hinsichtlich der Themenvielfalt. Fortgesetzt wurde die Veranstaltung in Gruppen mit jeweils sechs Personen. Jede Gruppe wählte eine Problemstellung aus und führte ein intensives Brainstorming mit der Zielsetzung durch, in kurzer Zeit 60 Ideen zu generieren. Diese wurden bewertet. Anschließend erfolgte eine neue Gruppenzusammenstellung und mit anderen Kreativtechniken wurden weitere Problemstellungen bearbeitet.

Der Vorteil der beschriebenen Vorgehensweise besteht darin, dass die Teilnehmer sowohl eigene Problemstellungen bearbeiten als auch ganz nebenbei die eine oder andere Kreativitätstechnik bzw. Moderationsmethode kennenlernen können. Externe, d. h. Sparringspartner, die nicht aus dem eigenen Unternehmen kommen, haben oft einen frischen Blick auf ein für sie fremdes Thema und können ohne Scheuklappen ihre Kreativität zur Verfügung stellen.

4.3.4 Singularity U: Technologie Think Tank

Die Singularity University (kurz: **Singularity U**) wurde 2008 gegründet und wird als Silicon Valley Think Tank bezeichnet, der ein spezielles Weiterbildungsprogramm anbietet und als Inkubator für Start-ups fungiert [111]. Der Hauptsitz befindet sich im Forschungspark der US-amerikanischen Weltraumbehörde NASA ganz in der Nähe von Palo Alto im Silicon Valley.

Der Begriff Singularity steht für den Moment, in dem Computer menschliches Verhalten simulieren und sich selbst perfektionieren können [112]. Entsprechend ist der Fokus der Denkfabrik ausgerichtet auf bahnbrechende technologische Veränderungen und Ideen, von innovativen Verfahren zur Krebsdiagnostik bis zu künstlicher Intelligenz. Die

4.3 Unterstützend und extern: Corporate Think Tanks als Dienstleistung

Rechtsform des Dienstleisters ist eine sogenannte Benefit Coperation. Darunter ist eine Art kommerziell orientierte Wohltätigkeitsorganisation zu verstehen [113].

Das Geschäftsmodell der Singularity U umfasst u. a. die folgenden Aktivitäten [111]:

- Global Solution Program: Einmal jährlich wird eine zehnwöchige Summer School für 80 Studierende durchgeführt. Im Vordergrund stehen die Vermittlung zukunftsweisender Technologien und die Gründung von neuen Start-up-Unternehmen durch die Teilnehmer. Derzeit sponsort Google das Programm, um den Teilnehmern eine kostenfreie Teilnahme zu ermöglichen und um schlussendlich an den dort entstehenden vielversprechenden Ideen zu partizipieren.
- Executive Program: Das Angebot richtet sich an Vorstände und Top-Manager. Sechstägige Seminare kosten $ 12.000 und sollen die Führungskräfte in Bezug auf den technologischen Wandel und dessen Einfluss auf ihre Unternehmen schulen [112].
- Innovation Partnership Program: Unter diesem Titel wird eine Veranstaltungsserie durchgeführt, auf der Fortune 500 Vorstände sich mit Start-up-Unternehmen treffen und mit ihnen Partnerschaften eingehen.
- Exponential Conference Series: Singularity U veranstaltet jährliche Konferenzen zum Themenkomplex „Exponentiell beschleunigende Technologien". Im April 2016 fand erstmalig ein Singularity U Summit in Deutschland statt.
- SU Labs: Dies ist ein Akzelerator zur Förderung von Start-ups. Speziell werden solche Jungunternehmen gefördert, deren Produkte das Leben von Milliarden von Menschen nachhaltig verbessern könnten.
- Singularity Hub: Die Wissenschafts- und Technologiewebsite einschließlich einiger Social-Media-Kanäle fungiert als Kommunikationsplattform für die Öffentlichkeit.

Das Handelsblatt beschrieb die Singularity U als „Volkshochschule für innovationsbegeisterte Manager und Start-up-Inkubator für ungewöhnliche Zukunftsideen aus dem High-Tech-Bereich"[114]. Das Besondere an der Institution ist, dass Jungunternehmer gezielt mit den Top-Managern großer Firmen zusammengebracht werden und beide Seiten von der Vernetzung und dem Wissensaustausch profitieren.

> **Kernaussagen Unterstützend und extern: Corporate Think Tanks als Dienstleistung:**
> Auch Dienstleister fungieren als Denkfabriken. So existieren Designagenturen und Ideenschmieden, die als Do Tanks nach Problemlösungen im Kundenauftrag suchen. Häufig haben diese eine bewährte Vorgehensweise basierend auf speziellen Methoden entwickelt, um ihren Klienten in kurzer Zeit einen größtmöglichen Nutzen zu stiften. Ferner initiieren Organisationen wie Verbände, Forschungseinrichtungen oder Weiterbildungsdienstleister spezielle Formate, in denen zukunftsgerichtete (meist technologische) Themen bearbeitet werden.

Literatur

1. Dernbach, C. (2011). Apple und Xerox PARC. http://www.mac-history.de/die-geschichte-des-apple-macintosh/reicher-nachbar-mit-offenen-turen-apple-und-xerox-parc. Zugegriffen: 11. Nov. 2013. (Die Geschichte von Apple, Stand: 10. Nov. 2013).
2. Stillich, S. (2008). Die wahren PC-Erfinder – Weltherrschaft verschlafen. http://einestages.spie-gel.de/static/topicalbumbackground/3046/weltherrschaft_verschlafen.html. Zugegriffen: 11. Nov. 2013. (Spiegel-Online vom 29. Okt. 2008).
3. Youtube. (1996). Interview mit Steve Jobs, Auszug aus PBS Triumph of the Nerds (1996). http://www.youtube.com/watch?v=vpMeFh37mCE. Zugegriffen: 11. Nov. 2013.
4. Wikipedia. Xerox PARC. http://de.wikipedia.org/wiki/Xerox_PARC. Zugegriffen: 11. Nov. 2013.
5. Isaacson, W. (2011). *Steve Jobs -Die autorisierte Biografie des Apple-Gründers* (S. 125). München: Bertelsmann.
6. Internetpräsenz von PARC. http://www.parc.com. Zugegriffen: 11. Nov. 2013.
7. Stone, B. Inside Google's secret lab. http://www.businessweek.com/articles/2013-05-22/inside-googles-secret-lab. Zugegriffen: 17. Nov. 2013. (Bloomberg Businessweek vom 22. Mai 2013).
8. Internetpräsenz von „Solve for X". https://www.solveforx.com/about/. Zugegriffen: 11. Nov. 2013.
9. Miller, C. C., & Bilton, N. (2011). Google's lab of wildest dreams. http://www.nytimes.com/2011/11/14/technology/at-google-x-a-top-secret-lab-dreaming-up-the-future.html?_r=4&pagewanted=all&. Zugegriffen: 17. Nov. 2013. (The New York Times vom 13. Nov. 2011).
10. Bosker, B. (2012). A beautiful mind – Sebastian Thrun wants to change the world. http://www.huffingtonpost.com/2012/08/19/a-beautiful-mind_n_1773468.html. Zugegriffen: 18. Nov. 2013. (Huffington Post vom 19. Aug. 2012).
11. Schischka, B. (2013). Google-Geheim-Labor schießt Ballons in die Stratosphäre. http://www.pcwelt.de/ratgeber/Geheimes-Google-Labor-X-baut-Mond-Aufzug-3963970.html#. Zugegriffen: 17. Nov. 2013. (PC-Welt vom 15. Juli 2013).
12. Internetpräsenz von „We Solve for X". https://we.solveforx.com. Zugegriffen: 24. Febr. 2016.
13. Weintraub, S. (2010). Google to open „Google Ideas" global technology think tank. http://tech.fortune.cnn.com/2010/08/15/google-to-open-google-ideas-global-technology-think-tank/. Zugegriffen: 17. Nov. 2013. (Fortune Tech vom 15. Aug. 2010).
14. Internetpräsenz von Google. http://www.google.com/ideas/. Zugegriffen: 17. Nov. 2013.
15. Gustin, S. (2013). Google unveils tools to access web from repressive countries. http://business.time.com/2013/10/21/google-digital-rebels/. Zugegriffen: 17. Nov. 2013. (Time Magazine Online Ausgabe vom 21. Okt. 2013).
16. Schmidt, E. (2016). Google ideas becomes jigsaw. https://medium.com/jigsaw/google-ideas-becomes-jigsaw-bcb5bd08c423#.kdcyba6ag. Zugegriffen: 24. Febr. 2016. (Medium vom 17. Fe. 2016).
17. Graduate School of Stanford Business. (2013). Are IPOs good for innovation? auf der Internetpräsenz der Graduate School of Stanford Business. http://www.gsb.stanford.edu/news/research/%20ipos-good-innovation?utm_source=Facebook%20&%20utm_medium=Post%20&%20utm_campaign=IPOAr-ticle%20&%20utm_source=Twitter%20&%20utm_medium=Tweet%20&%20utm_campaign=BernsteinArticle. Zugegriffen: 11. Nov. 2013. (Stand: 15. Jan. 2013).
18. Förster, A., & Kreuz, P. (2009). Backstage: Cisco – Emerging technology group. http://www.business-backstage-report.com/archiv/business-backstage-report_2009_06.htm. Zugegriffen:

Literatur

12. Nov. 2013. (Backstage-Report 06/2009) sowie: o. V. Cisco ändert seine Firmenpolitik. http://www.computerwoche.de/a/cisco-aendert-seine-firmenpolitik,586826. Zugegriffen: 12. Nov. 2013. (Computerwoche Online-Ausgabe vom 23. Jan. 2007).
19. Internetpräsenz von Cisco Systems. http://www.cisco.com/web/solutions/iprize/index.html. Zugegriffen: 12. Nov. 2013.
20. Internetpräsenz von Cisco Systems. http://www.cisco.com/web/solutions/iprize/index.html. Zugegriffen: 08. Sept. 2012.
21. Lambrecht, M. (10. Nov. 2013). Ciscos schwerster Kampf. Handelsblatt Live.
22. Wikipedia. Cisco systems. https://de.wikipedia.org/wiki/Cisco_Systems. Zugegriffen: 28. Febr. 2016.
23. Internetpräsenz von Cisco Systems. http://www.cisco.com/c/en/us/solutions/innovation-centers.html. Zugegriffen: 28. Febr. 2016.
24. Briegleb, V. (2015). openBerlin: Cisco eröffnet Innovationszentrum in der Hauptstadt. http://www.heise.de/newsticker/meldung/openBerlin-Cisco-eroeffnet-Innovationszentrum-in-der-Hauptstadt-2849038.html. Zugegriffen: 28. Febr. 2016. (Heise Online vom 15. Okt. 2015).
25. Internetpräsenz von Cisco Systems. http://www.cisco.com/c/dam/assets/global/DE/innovationcenter/pdf/vr_summary.pdf. Zugegriffen: 28. Febr. 2016.
26. Eckert, M. (2015). IoT und Industrie 4.0: Cisco eröffnet Innovation Center openBerlin. http://www.searchnetworking.de/news/4500255693/IoT-und-Industrie-40-Cisco-eroeffnet-Innovation-Center-openBerlin. Zugegriffen: 28. Febr. 2016. (SearchNetworking.de vom 19. Okt. 2015).
27. Internetpräsenz von Cisco Systems. http://www.cisco.com/c/dam/assets/global/DE/innovationcenter/pdf/website_at_a_glance.pdf. Zugegriffen: 28. Febr. 2016.
28. Netzwelt. (2013). Verkehrte Netzwelt: Deutsche in Silicon Valley. http://www.netzwelt.de/%20news/98031-verkehrte-netzwelt-deutsche-silicon-valley.html. Zugegriffen: 19. Nov. 2013. (o. V., Netzwelt, Online-Ausgabe vom 09. Aug. 2013).
29. Pries, J., & Sommer, C. (2016). Ja – und? Großzügig im Denken, pingelig in der Wortwahl: Was Google zu einer der kreativsten Firmen der Welt macht, erklärt ihr Chef-Innovater, Frederik G. Pferdt. *Brand eins Thema: Innovation, 2016*(4), 8–14.
30. Internetpräsenz der Walmart Labs. http://www.walmartlabs.com. Zugegriffen: 20. Nov. 2013.
31. Gründerszene. Lexikon. Accelerator. http://www.gruenderszene.de/lexikon/begriffe/accelerator. Zugegriffen: 01. März 2016.
32. Internetpräsenz der Deutschen Telekom. (2013). Hubraum feiert Einjähriges. http://www.telekom.com/innovation/186642. Zugegriffen: 19. Nov. 2013. (vom 24. Mai 2013).
33. Internetpräsenz von hub:raum. https://www.hubraum.com. Zugegriffen: 01. März 2016.
34. Internetpräsenz von Axel Springer. http://www.axelspringer.de/artikel/Axel-Springer-Plug-and-Play-Accelerator_21224965.html. Zugegriffen: 01. März 2016.
35. Internetpräsenz des ProSiebenSat.1-Accelerator. https://www.p7s1accelerator.com/en/faq/. Zugegriffen: 01. März 2016.
36. Unterberger, Tanja. (2016). Unterschied zwischen Accelerator und Inkubator – Was Startups wissen sollten. https://www.derbrutkasten.com/a/accelerator-inkubator-unterschied/. Zugegriffen: 01. März 2016. Der Burtkasten. (08.01.2016).
37. Ludowig, K., Schröder, M., & Wocher, M. (30. Juli 2013). Alt trifft Neu. Handelsblatt Live.
38. Altringer, B. (2013). A new model for innovation in big companies. http://blogs.hbr.org/2013/11/%20a-new-model-for-innovation-in-big-companies/. Zugegriffen: 20. Nov. 2013. (Harvard Business Review/HBR Blog Network vom 19. Nov. 2013).
39. Internetpräsenz der BASF. https://www.basf.com/de/company/research.html. Zugegriffen: 03. März 2016.

40. BCG Perspective. (2016). https://www.bcgperspectives.com/content/interactive/innovation_growth_most_innovative_companies_interactive_guide/. Zugegriffen: 03. März 2016.
41. Kreismeyer, Dr. A. (2013). Chemistry powerd energy. http://de.slideshare.net/basf/basf-research-press-conference-2013. Zugegriffen: 23. Nov. 2013. (auf der BASF Research Press Conference am 07. Mai 2013).
42. Internetpräsenz der BASF New Business GmbH. (2016). http://www.basf-new-business.com/de/ueber-uns/organisation/. Zugegriffen: 03. März 2016.
43. Internetpräsenz der BASF New Business GmbH. (2016). http://www.basf-new-business.com/de/projekte/uebersicht-geschaeftsaufbau/. Zugegriffen: 03. März 2016.
44. Internetpräsenz der BASF Venture Capital GmbH. (2016). http://www.basf-vc.de. Zugegriffen: 03. März 2016.
45. Internetpräsenz von Merck. http://www.merck.de/de/presse/extNewsDetail.html?newsId=3C83FF2509E0C582C1257ED0005521B6&newsType=1. Zugegriffen: 15. März 2016.
46. Internetpräsenz von Merck. http://www.merck.de/de/innovation/innovation_center/innovation_center.html. Zugegriffen: 15. März 2016.
47. Merck KGaA Unternehmensbereich Performance Materials (Hrsg.). (2015). Touch the future: Innovative Räume – Räume für Innovation. http://www.merck.de/company.merck.de/de/images/2015_10_01_MIC_Pocket-Guide_DE_tcm1613_142322.pdf?Version=. Zugegriffen: 15. März 2016.
48. Merck Innovation Center (Hrsg.). (2016). Outreach Presentation: Merck Innovation Center.
49. Internetpräsenz des Merck Accelerator. https://accelerator.merckgroup.com/faqs/. Zugegriffen: 15. März 2016.
50. Internetpräsenz des Merck Accelerator. https://accelerator.merckgroup.com/2015/10/29/inteligent-transitions-in-ux-design/. Zugegriffen: 15. März 2016.
51. Internetpräsenz von Merck. http://www.merck.de/de/innovation/innovation_center/about_us/about.html. Zugegriffen: 15. März 2016.
52. Echo. (2015). Neues Merck-Logo: Übers Ziel hinausgeschossen? http://www.echo-online.de/freizeit/kunst-und-kultur/kulturnachrichten/neues-merck-logo-uebers-ziel-hinausgeschossen_16304567.htm. Zugegriffen: 15. März 2016. (o. V., Echo, Online-Ausgabe vom 20. Okt. 2015).
53. Internetpräsenz von Space10. https://www.space10.io. Zugegriffen: 20. März 2016.
54. Förster, A., & Kreuz, P. (2015). http://www.foerster-kreuz.com/space10-innovation/. Zugegriffen: 20. März 2016. (Förster/Kreuz Online-Blog vom 13. Dez. 2015).
55. Internetpräsenz von Space10. (2016). https://www.space10.io/journal/q-a-with-bas-van-depoel-design-resident-at-space10. Zugegriffen: 21. März 2016.
56. Internetpräsenz von Space10. (2016). https://www.space10.io/about. Zugegriffen: 21. März 2016.
57. Brownlee, J. (2015). Inside Ikea's Innovation Lab fort he future of better living. http://www.fastcodesign.com/3053873/behind-the-brand/inside-ikeas-innovation-lab-for-the-future-of-home-design. Zugegriffen: 21. März 2016. (Fastcodesign. Online-Ausgabe vom 24. Nov. 2015).
58. Internetpräsenz von Space10. (2016). https://www.space10.io/journal/the-fresh-living-lab. Zugegriffen: 21. März 2016.
59. Internetpräsenz von Space10. (2016). https://www.space10.io/journal/your-kitchen-table-could-charge-your-phone-with-free-power. Zugegriffen: 21. März 2016.
60. Internetpräsenz von Space10. (2016). https://www.space10.io/community. Zugegriffen: 21. März 2016.
61. Internetpräsenz von „Connect + Develop" at Procter & Gamble. http://www.pgconnectdevelop.com. Zugegriffen: 28. Okt. 2013.

Literatur

62. Internetpräsenz von „The Clay Street Project" at Procter & Gamble. http://claystreet.net. Zugegriffen: 22. März 2016.
63. Internetpräsenz von Procter & Gamble. Fact Sheet Clay Street Project. https://www.pg.com/en_US/downloads/innovation/factsheet_ClayStreet_FINAL.pdf. Zugegriffen: 22. März 2016.
64. The Cincinnati Enquirer. (2008). Clay St. Project lets P & G think outside the pyramid. https://theclaystreetproject.pg.com/claystreet/perspectives/Cincinnati_Enquirer.aspx. Zugegriffen: 31. Okt. 2013. (o. V., The Cincinnati Enquirer, Online-Ausgabe vom 28. Okt. 2008).
65. Forbes Magazin. (2012). How Procter & Gamble designs change. http://www.forbes.com/sites/%20petercohan/2012/03/12/how-procter-gamble-designs-change/2/. Zugegriffen: 31. Okt. 2013. (o. V., Forbes Magazin, Online-Ausgabe vom 03. Dez. 2012).
66. Internetpräsenz von „The Clay Street Project" at Procter & Gamble. https://theclaystreetproject.pg.com/claystreet/perspectives/default.aspx. Zugegriffen: 31. Okt. 2013.
67. Schindler, M. (2013). SAPs neues AppHaus in Heidelberg. http://www.silicon.de/41591958/saps-neues-apphaus-in-heidelberg/. Zugegriffen: 24. März 2016. (Silicon. Onlineausgabe vom 15. Nov. 2013).
68. Internetpräsenz von SAP User Experience Services. https://experience.sap.com/designservices/apphaus. Zugegriffen: 24. März 2016.
69. Costa, G. & Otter, C. (2013). SAP holt Kunden ins AppHaus. http://news.sap.com/germany/2013/11/26/sap-apphaus-heidelberg/. Zugegriffen: 24. März 2016. (SAP News Center vom 26. Nov. 2013).
70. Hauser, A. (2013). Impressions from the AppHaus Heidelberg. http://de.slideshare.net/sap/impressions-from-the-apphaus-heidelberg. Zugegriffen: 24. März 2016.
71. Weitere Informationen zu dem AppHaus Heidelberg finden Sie auf den folgenden Social-Media-Plattformen. https://www.facebook.com/AppHausHD/timeline sowie https://twitter.com/sapapphaus. Zugegriffen: 24. März 2016.
72. Wikipedia. Atlassian. http://de.wikipedia.org/wiki/Atlassian. Zugegriffen: 27. Nov. 2013.
73. Internetpräsenz von Atlassian. https://de.atlassian.com/company. Zugegriffen: 25. März 2016.
74. Förster, A., & Kreuz, P. (2011). FedEx Day: Kleine Freiräume – großartige Ideen. http://home.foerster-kreuz.com/2011/02/fedex-day-kleine-freiraume-groartige.html. Zugegriffen: 27. Nov. 2013. (Förster/Kreuz Online-Blog vom 14. Febr. 2011).
75. Internetpräsenz von Atlassian. https://www.atlassian.com/de/company/about/shipit. Zugegriffen: 27. Nov. 2013.
76. Internetpräsenz von Atlassian. https://confluence.atlassian.com/display/DEV/ShipIt+Day+FAQ. Zugegriffen: 30. Nov. 2013.
77. Wikipedia. Google Ventures. (2016). https://de.wikipedia.org/wiki/Google_Ventures. Zugegriffen: 28. März 2016.
78. Internetpräsenz von GV. https://library.gv.com/gv-2015-year-in-review-5a6b61e37b5b#.tk2wqpduu. Zugegriffen: 28. März 2016.
79. Internetpräsenz von GV. http://www.gv.com/portfolio/. Zugegriffen: 28. März 2016.
80. Wikipedia. GV (company). https://en.wikipedia.org/wiki/GV_(company). Zugegriffen: 28. März 2016.
81. Knapp, J., Zeratsky, J., & Kowitz, Braden. (2016). *Sprint: How to solve big problems and test new ideas in just five days* (S. 40). London: Transworld Publishers.
82. Internetpräsenz von GV. http://www.gv.com/sprint/. Zugegriffen: 28. März 2016.
83. Internetpräsenz von GV. http://www.gv.com/library/. Zugegriffen: 28. März 2016.
84. Internetpräsenz von GV. https://library.gv.com/the-gv-research-sprint-a-4-day-process-for-answering-important-startup-questions-97279b532b25#.mlpa7bhza. Zugegriffen: 28. März 2016.
85. Wikipedia. Hackathon. https://de.wikipedia.org/wiki/Hackathon. Zugegriffen: 01. Apr. 2016.

86. Internetpräsenz von Zalando. https://blog.zalando.de/de/blog/we-will-wewillhackyou-innovationen-schaffen-mit-der-zalando-hack-week. Zugegriffen: 01. Apr. 2016. (Zalando-Blog vom 16. Dez. 2015).
87. Internetpräsenz von Zalando. https://corporate.zalando.de/de/zalando-technology-startet-mit-ueber-100-projektideen-die-dritte-hack-week. Zugegriffen: 01. Apr. 2016. (Publiziert am 15. Dez. 2014).
88. Internetpräsenz der TUI-Group. http://www.tui-group.com/de/innovation/think_tank. Zugegriffen: 26. Nov. 2013.
89. Internetpräsenz der TUI-Group. http://www.tui-group.com/de/innovation/think_tank/mit-denker. Zugegriffen: 05. März 2014.
90. Internetpräsenz der TUI-Group. http://www.tui-group.com/de/innovation/think_tank/trends_reisemarkt. Zugegriffen: 26. Nov. 2013.
91. Sämtliche Ausführungen zum Fallbeispiel ARAG stammen im Wesentlichen aus folgender Quelle: vgl. Astheimer, Sven: Entscheidungsfindung – Der Publikumsjoker für den Chef. http://www.faz.net/aktuell/beruf-chance/arbeitswelt/entscheidungsfindung-der-publikumsjoker-fuer-den-chef-1817299.html. Zugegriffen: 07. Nov. 2013. (FAZ-Online vom 23. Juli 2009).
92. Viel, O. (2007). Empoyer Branding – Alles außer kalter Kaffee. *Personalwirtschaft Ausgabe, 2007*(11), 39–41.
93. Presseportal. (2007). Karriere mit guten Ideen. http://www.presseportal.de/pm/9283/994840/karriere-mit-guten-ideen-tchibo-ideenwettbewerb-tchibo-think-tank-07. Zugegriffen: 02. Dez. 2013. (Stand 31. Mai 2007).
94. Internetportal des Tchibo Think Tanks. www.tchibo-tt.de. Zugegriffen: 04. Aug. 2008.
95. Stadtmagazin Echo Münster. (2007). Koffein aus der Zapfsäule. http://www.echo-muenster.de/node/7846. Zugegriffen: 02. Dez. 2013. (Stand: 13. Dez. 2007).
96. Internetpräsenz von Tchibo Ideas. http://www.tchibo-ideas.de. Zugegriffen: 01. Apr. 2016.
97. Trenkamp, O. (2009). Digitale Weltverbesserer: Die Zukunfts-WG. http://www.spiegel.de/unispiegel/jobundberuf/digitale-weltverbesserer-die-zukunfts-wg-a-662424.html. Zugegriffen: 27. Nov. 2013. (Spiegel Online vom 23. Nov. 2009).
98. Wikipedia. Palomar 5. http://de.wikipedia.org/wiki/Palomar_5. Zugegriffen: 27. Nov. 2013.
99. Venture TV. Interview mit Jonathan Imme von Palomar 5. http://venturetv.de/palomar5-was-steckt-dahinter-antworten-von-jonathan-imme/. Zugegriffen: 27. Nov. 2013.
100. Loll, A. (2009). Palomar 5 – Die Hippies aus dem Ideenhaus. http://www.faz.net/aktuell/beruf-chance/arbeitswelt/palomar-5-die-hippies-aus-dem-ideenhaus-1885997.html. Zugegriffen: 27. Nov. 2013. (FAZ-Net vom 27. Nov. 2009).
101. Ideo Factsheet. http://www.ideo.com/images/uploads/home/IDEOFactSheet_GERMAN.pdf. Zugegriffen: 11. Dez. 2013.
102. Internetpräsenz von IDEO. http://www.ideo.com/about/. Zugegriffen: 11. Dez. 2013.
103. Wikipedia. IDEO. http://de.wikipedia.org/wiki/IDEO. Zugegriffen: 12. Dez. 2013.
104. Internetpräsenz von OpenIDEO. http://www.openideo.com. Zugegriffen: 29. Dez. 2013.
105. Internetpräsenz von IDEO.ORG. https://www.ideo.org. Zugegriffen: 29. Dez. 2013.
106. Schnetzler, N. (2004). *Die Ideenmaschine.* Weinheim: Wiley-VCH.
107. Beck, L. (2009). Brainstore – die Ideenfabrik. http://suite101.de/article/brainstore-die-ideen-fabrik-a51941. Zugegriffen: 12. Dez. 2013. (Suite 101, Stand: 26. Jan. 2009, aktualisiert am 09. Juli 2013).
108. Sulc, A. (2013). Ideenfabrik Brainstore: Wie Phönix aus der Asche. http://www.derbund.ch/wirtschaft/unternehmen-und-konjunktur/Ideenfabrik-Brainstore-Wie-Phoenix-aus-der-Asche/story/17359378. Zugegriffen: 12. Dez. 2013. (Der Bund, Stand: 14. Juni 2013).

Literatur

109. Internetpräsenz von Brainstore. https://www.brainstore.com/de/pricing_infos. Zugegriffen: 01. Apr. 2016.
110. Die Ausführungen zum Fallbeispiel „British Quality Foundation" stammen im Wesentlichen aus folgender Quelle: vgl. Sloane, Paul: „How to Run an Ideas Jam". Yahoo Voices (Stand: 20.10.2010). http://voices.yahoo.com/how-run-ideas-jam-6411924.html. Zugegriffen: 30. Nov. 2013.
111. Wikipedia. Singularity University. https://en.wikipedia.org/wiki/Singularity_University. Zugegriffen: 03. Apr. 2016.
112. Frinkenzeller, K. (2015). Zukunftsforschung: Wer ist hier der Klügere? http://www.zeit.de/2015/33/digitalisierung-neue-technologien-roboter-forscher-singularity-university. Zugegriffen: 03. Apr. 2016. (Zeit Online: Stand: 27. Aug. 2015).
113. Dörner, S. (2016). Singularity University: In 29 Jahren sind die Probleme der Menschheit gelöst. http://www.welt.de/wirtschaft/webwelt/article152198869/In-29-Jahren-sind-die-Probleme-der-Menschheit-geloest.html. Zugegriffen: 03. Apr. 2016. (Die Welt Online: Stand: 14. Febr. 2016).
114. Weddeling, B. (31. März 2016). Treffpunkt für Pioniere und Fantasten. *Handelsblatt-Live*.

Teil II

Vorbereitung eines Corporate Think Tanks

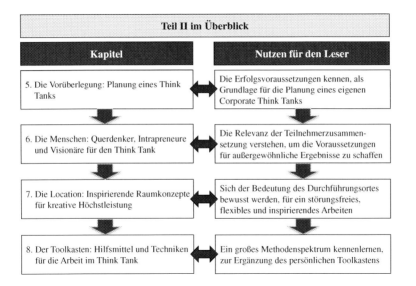

Die Vorüberlegung: Planung eines Think Tanks 5

In Teil II des Buches möchte ich Ihnen beschreiben, welche vier Faktoren bei der Vorbereitung eines Corporate Think Tanks berücksichtigt werden müssen. Sie alle tragen zum Erfolg einer Denkfabrik auf spezifische Art und Weise bei. Die Abb. 5.1 veranschaulicht den Stellenwert des Faktors „Vorüberlegung" in der Phase der Vorbereitung.

In Kap. 5 stehen **drei Themen** im Fokus:

- Ein Exkurs zu gescheiterten Corporate Think Tanks, um aufzuzeigen, welche Fehler bei der Planung und Durchführung einer Denkfabrik vermieden werden sollten (Abschn. 5.1).
- Die Sensibilisierung für das Mindset einer Organisation, um zu verdeutlichen, dass die in einer Denkfabrik entstehenden Lösungen zur generellen Denkhaltung eines Unternehmens passen sollten (Abschn. 5.2).
- Die Betrachtung übergeordneter Zusammenhänge, um darauf hinzuweisen, dass Corporate Think Tanks im Kontext der Unternehmensstrategie zu initiieren sind (Abschn. 5.3).

Die Erkenntnisse dieser drei Vorüberlegungen werden in Abschn. 5.4 in Form einer Top-10-Liste der wichtigsten Erfolgsvoraussetzungen für eine Denkfabrik zusammengeführt.

5.1 Aus Fehlern lernen: Gescheiterte Think-Tank-Initiativen

Aus meiner Erfahrung heraus ist es hilfreich, sich zu Beginn eines Planungsprozesses neben inspirierenden Best-Practice Beispielen auch gescheiterte Corporate Think Tanks anzusehen, um aus den gemachten Fehlern zu lernen.

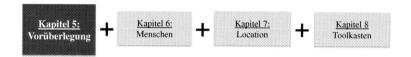

Abb. 5.1 Faktor „Vorüberlegung" im Rahmen der Vorbereitung eines Corporate Think Tanks

Die Ausführungen zum legendären Xerox PARC (Abschn. 4.1.1) haben gezeigt, dass die alleinige Initiierung eines Corporate Think Tanks nicht ausreicht. PARC war hochkreativ, die Innovationen bahnbrechend. Das Problem bestand in dem Unvermögen der Unternehmensleitung, das Potenzial dieser Entwicklungen richtig einzuschätzen und in der Folge zu kapitalisieren [1]. Fehler lagen im **unterschiedlichen Mindset** in Bezug auf Zukunftsvisionen, in **unpräzisen Zielen,** einer **fehlenden strategischen Einbettung** sowie einer **schlechten Kommunikation** zwischen den Akteuren der Denkfabrik und den Entscheidungsträgern im Top-Management begründet. Beim Think Tank von Cisco Systems (Abschn. 4.1.3) bestand die Problematik darin, mit einem zu **engen Suchfeld** ausschließlich nach solchen Innovationen gesucht zu haben, die bestehende Produkte nicht kannibalisieren.

Im Nachfolgenden werden einige weitere Beispiele von Fehlern skizziert, die bei der Vorbereitung und Durchführung von Think Tanks gemacht wurden.

> **Beispiel 1: „Alibi"-Veranstaltung ohne Ziele bzw. strategischen Bezug**
>
> Die aus Kaufleuten und Juristen bestehende Geschäftsleitung eines mittelständischen Chemieunternehmens hatte gerade mit Unterstützung einer Unternehmensberatung ein größeres Change-Projekt abgeschlossen. Daraufhin wurde entschieden, einen Strategiebeirat als Corporate Think Tank ins Leben zu rufen, bestehend aus leitenden Chemikern des eigenen Unternehmens. Diese Führungskräfte aus dem Forschungsbereich sollten alle zwei Monate in einem Tagungshotel zusammentreffen, um neue Wachstumsfelder und damit neue Geschäftsbereiche zu identifizieren. Das Problem bestand darin, dass die Geschäftsleitung dieses Gremium nur pro forma einsetzte. Es ging lediglich darum, den Chemikern das Gefühl zu vermitteln, dass auch ihren Vorstellungen bezüglich der zukünftigen Ausrichtung des Unternehmens Beachtung geschenkt wird. In Wahrheit hatte man keinerlei Erwartungen in Bezug auf interessante Vorschläge und vielversprechende Ideen. Die Geschäftsleitung hielt sich aus den Vorbereitungen der Sitzungen heraus, entsandte aber zu den Beiratstreffen regelmäßig einen Repräsentanten, der die Sitzungen mehr störte als sie zielführend oder gar visionär zu unterstützen. Die ersten Treffen erfolgten **ohne Moderator** und hatten unstrukturierte Diskussionen zur Folge. In späteren Sitzungen wurden mithilfe eines Moderators Konzepte erarbeitet, die allerdings seitens der Geschäftsleitung kaum eines Blickes gewürdigt wurden. Mit jeder Beiratssitzung wurde verständlicherweise der Frust der Teilnehmer größer und die Anzahl der erscheinenden Beiratsmitglieder

kleiner. **Ohne klare Zielsetzung** und **ohne Vernetzung zu den sonstigen strategischen Überlegungen** der Geschäftsleitung war dieser Think Tank zum Scheitern verurteilt und lediglich eine Verschwendung von Ressourcen.

> **Beispiel 2: Fehlende Strategie, mangelnde Akzeptanz, keine Umsetzung**

Vor einigen Jahren arbeitete ich als Projektleiter bei einer namhaften Unternehmensberatung. Ich bekam die Aufgabe, einen zeitlich begrenzten Think Tank in Form eines Innovationsworkshops bei einem Markenartikelunternehmen zu moderieren. Die Firma hatte gerade einen neuen Geschäftsführer eingestellt, der sich nach kurzer Einarbeitungszeit profilieren wollte. Die ihm unterstellten Bereichsleiter sahen allerdings zu diesem Zeitpunkt die Notwendigkeit für eine strategische Neuausrichtung des Gesamtunternehmens gekommen und noch nicht für eine Innovationsinitiative. Insofern war die Ausgangssituation des Projekts konfliktreich. Der Geschäftsführer hatte alleine entschieden, den Innovationsworkshop durchzuführen, ohne seine damit verfolgten Ziele näher zu erläutern. Der Think Tank fand in einem fensterlosen Besprechungsraum des Unternehmens statt, einem trostlosen und uninspirierenden Ort. Gleich zu Beginn des Workshops meldeten sich einige der anwesenden Bereichsleiter zu Wort, um eine Grundsatzdiskussion über Sinn und Zweck der Veranstaltung zu starten. Als externer Moderator konnte ich ein zeitliches Ausufern dieses Streits verhindern. Es gelang sogar, im weiteren Verlauf des Workshops den kreativen Funken bei den Teilnehmern zu entzünden und zumindest einige interessante Produktideen zu generieren. Eine weitergehende Bearbeitung der Think-Tank-Ergebnisse erfolgte allerdings nicht. Die Bereichsleiter blockierten die Umsetzung. Der Geschäftsführer verließ nach wenigen Monaten wieder das Unternehmen. Dieses Beispiel verdeutlicht die hohe Bedeutung der **Akzeptanz** eines Think Tanks **bei den Entscheidungsträgern** einer Organisation. Es bedarf eines akzeptierten Top-Managers, der mit seinen Zukunftsvisionen zu begeistern und der mit den zu deren Erreichung eingesetzten Maßnahmen zu überzeugen vermag. Eine solche Führungskraft muss sich am Ende des Tages immer am Umsetzungserfolg der initiierten Projekte messen lassen.

> **Beispiel 3: Fehlende Diversität** - Denken nur innerhalb des berühmten „Tellerrandes"

Mitte der neunziger Jahre arbeitete ich als Unternehmensberater für einen Klienten, der Textilien für Frauen herstellte. Mithilfe eines temporären Think Tanks beabsichtigte das Unternehmen, Innovationen im Bereich Funktionswäsche für die weibliche Zielgruppe zu generieren. Als ich im Zuge der Vorbereitung der Veranstaltung von dem Kunden einen ersten Entwurf der Teilnehmerliste bekam, war mein Erstaunen groß: Ausschließlich Männer waren darauf aufgelistet. Der Teilnehmerkreis sollte sich nur aus den im Unternehmen vermeintlich relevantesten Personen zusammensetzen. Konkret waren für den Think Tank die Akteure vorgesehen, die auch sonst bei allen wichtigen Gremiensitzungen des Unternehmens vertreten waren. Dazu gehörten die (männliche) Geschäftsführung, sämtliche (männlichen) Bereichsleiter, und zwei eng mit dem Unternehmen verbundene (männliche) Unternehmensberater. Der berühmte Blick über den Tellerrand wird mit einer solchen Teilnehmerzusammensetzung gewiss schwerer, zumal das kreative Potenzial einer Gruppe aus möglichst unterschiedlich denkenden Menschen auf diese Weise nur unzureichend erschlossen werden kann. Erst auf meine Intervention hin wurde die Liste der für den Think Tank vorgesehenen Personen noch einmal überdacht, und wir bekamen in der Denkfabrik neben weiblicher Unterstützung auch kreativen Input von einigen jüngeren Mitstreitern.

Mithilfe dieser drei Beispiele möchte ich Sie als Leser für konzeptionelle Fehlerquellen sensibilisieren. Corporate Think Tanks führen dann nicht zum Erfolg, wenn sie unüberlegt und lediglich aus einer Laune heraus realisiert werden. Sämtliche als problematisch skizzierten Aspekte der Beispiele werden in den folgenden Kapiteln aufgegriffen. Ich hoffe damit zu erreichen, dass diese Punkte in Ihrem Planungsprozess berücksichtigt werden.

> **Kernaussagen – Vorüberlegung: Planung eines Think Tanks**
> Für Corporate Think Tanks gibt es keine Erfolgsgarantie, dennoch sollte man als Initiator solcher Foren von vornherein einige konzeptionelle Fehler vermeiden. Zu diesen gehören:
>
> - Unterschiedliche Mindsets zwischen den Think-Tank-Akteuren und der Geschäftsleitung.
> - Fehlende oder unpräzise Ziele für den Think Tank.
> - Keine Verzahnung mit der Unternehmensstrategie.
> - Fehlen eines Moderators als Strukturgeber.
> - Mangelnde Akzeptanz bei wichtigen Entscheidungsträgern.
> - Unzureichende Kommunikation zwischen Think-Tank-Akteuren und Entscheidungsträgern.
> - Nicht durchdachte bzw. fehlende Kriterien für die Teilnehmerzusammensetzung.
> - Ausbleibende Verantwortungszuweisung für die Planung der Umsetzungsaktivitäten.

5.2 Mindset verstehen: Inkrementelle oder visionäre Zukunftsgestaltung

Eine zentrale Ausgangsüberlegung für eine Denkfabrik besteht in der Reflexion der generellen Denkhaltung einer Organisation bzw. des Führungskreises und der Mitarbeiter in Bezug auf deren Zukunftsorientierung. Es geht dabei insbesondere um die Frage, wie visionär ein Unternehmen eigentlich gegenwärtig ist, respektive zukünftig sein möchte. Für die Durchführung eines Corporate Think Tanks ist dieser Sachverhalt insofern relevant, als dass es nicht sinnvoll ist, radikale Ideen zu produzieren, wenn eigentlich ausschließlich nach inkrementellen Verbesserungen gesucht wird. Aus diesem Grund ist es im Zuge von Vorbereitungsaktivitäten für eine Denkfabrik äußerst wichtig, das Mindset und damit verbunden die konkrete Erwartungshaltung zu verstehen.

Betrachtet man die extremen Ausprägungen der Zukunftsorientierung, so finden sich Organisationen zwischen den Polen „vergangenheitsorientiert" und „zukunftsorientiert" wieder. In Abb. 5.2 werden diese beiden Extreme beleuchtet.

Ein **konservatives Agieren** findet sich häufig in spezialisierten, erfolgreichen Unternehmen in einem wenig dynamischen Marktumfeld oder bei Firmen in technologiefernen Branchen. Corporate Think Tanks können für solche Organisationen eine Hilfe darstellen, um ausgehend von bestehenden Produkten nach Verbesserungen und kleineren Innovationen innerhalb enger Branchengrenzen zu suchen. Erst wenn solche Unternehmen durch veränderte Rahmenbedingungen wie Disruptionen in Bedrängnis geraten, wird ihr Mindset stärker zukunftsorientiert.

Ein **visionäres Agieren** zeichnet das Mindset von innovativen Unternehmen und Start-ups aus. Meist findet man in solchen Organisationen Führungskräfte, die Entrepreneurship (Unternehmertum) als Philosophie verinnerlicht haben, z. B. Unternehmer wie die Business Stars des Silicon Valley namens Elon Musk, Sebastian Thrun oder der britische Selfmade-Milliardär Sir Richard Branson. Visionäre erkennen die Grenzen einer branchenspezifischen Marktdefinition und definieren aus diesem Grund die Problemstellungen für einen Corporate Think Tank breiter. Damit kann die intensive Beschäftigung mit folgenden Trendthemen einher gehen:

- **Industry Convergence** (Zusammenwachsen verschiedener Branchen): In vielen Bereichen können wir heute sehen, wie Branchengrenzen verschwimmen, z. B. Informations- und Telekommunikationstechnologien (Smartphones), Biotech und

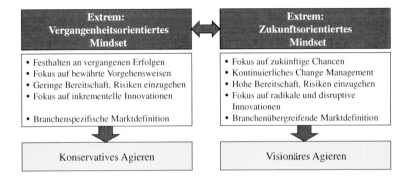

Abb. 5.2 Mindset für die Zukunftsgestaltung

pharmazeutische Industrie (Biopharmazeutika) oder Energieerzeugung und Informationstechnologie (Smart Grid: das intelligente Stromnetz) [2].
- **Cross Industrie Innovations** (branchenübergreifende Innovationen): Innovationen aus fremden Branchen können gezielt als Inspiration genutzt werden. Ein Beispiel hierfür ist das Dämpfungssystem des Laufschuhs SHOX von Nike, der in Anlehnung an ein analoges System im Bereich der Formel-Eins-Rennwagen entwickelt wurde.
- **Connected Products** (internetfähige Produkte/das Internet der Dinge): Zunehmend werden Produkte mit Apps oder Internetapplikationen versehen. Als Beispiel sei hier ein Hightech-Laufschuh aufgeführt, der mit einem Chip versehen ist und Daten über den Trainingserfolg beispielsweise an eine App auf dem Smartphone liefert.

Im Zuge meiner Praxiserfahrung als Consultant und Moderator für Corporate Think Tanks bin ich zum Schluss gekommen, dass die in einer Denkfabrik produzierten Ergebnisse dem Mindset der Organisation bzw. des Top-Managements entsprechen sollten. Nur unter dieser Voraussetzung wird es zu einer Umsetzung der im Think Tank generierten Ideen oder Konzepte kommen.

Der Managementguru Peter Drucker hat vor vielen Jahren in der Harvard Business Review die These vertreten, dass die Kernkompetenzen jeder Organisation unterschiedlich seien [3]. Eine Kernkompetenz allerdings benötigt seiner Ansicht nach jedes Unternehmen: Die Fähigkeit zur Innovation. Die zu klärende Frage ist allerdings, wie radikal oder disruptiv die Innovationsideen sein dürfen.

> **Kernaussagen – Mindset verstehen: Inkrementelle oder visionäre Zukunftsgestaltung**
> Die in einem Corporate Think Tank hervorgebrachten Problemlösungen sollten zum Mindset einer Organisation passen. Dies kann die Akzeptanz und den Wille zur Umsetzung seitens der Entscheidungsträger erhöhen. Während **konservative Unternehmen** eher nach inkrementellen Verbesserungen oder Innovationen innerhalb ihrer Branchengrenzen suchen, definieren **visionäre Unternehmen** ihren Markt sehr viel breiter. Entsprechend können bei solchen Firmen Trendthemen wie z. B. Industry Convergence, Cross Industry Innovations und Connected Products Suchfelder für die Ideenfindung in einem Corporate Think Tank darstellen.

5.3 Zusammenhänge berücksichtigen: Corporate Think Tanks im Kontext der unternehmerischen Strategie

Im Anschluss an die Betrachtung von Fehlerquellen und die Berücksichtigung des Mindsets, stellt der übergeordnete Kontext eines Corporate Think Tanks die dritte Vorüberlegung dar. Denkfabriken bringen Problemlösungen mit einer hohen strategischen

Relevanz hervor, insofern ist die Verzahnung sowohl mit dem Strategieprozess als auch mit Unternehmenszielen und -strategien zwingend zu berücksichtigen.

Corporate Think Tanks und das Thema Strategie stehen dabei in zweierlei Hinsicht in einem Zusammenhang:

1. **Corporate Think Tanks bei der Strategiefindung und –überarbeitung**
   Unternehmerische Denkfabriken können im Prozess einer Strategiefindung oder -anpassung zum Einsatz kommen. Konkret handelt es sich um die Phasen „Analyse & Foresight" sowie „Identifikation und Auswahl Strategischer Optionen" in Abb. 5.3. In der Praxis werden Think Tanks in diesem Zusammenhang z. B. im Rahmen einer strategischen Neuausrichtung einer Organisation oder aber ergänzend zur kontinuierlichen Arbeit eines Strategischen Managements eingesetzt.
2. **Corporate Think Tanks bei der Strategieumsetzung**
   Corporate Think Tanks kommen hierbei als „Do Tanks" im Rahmen der Umsetzung einer Strategie zum Einsatz. Beispielsweise kann ein Unternehmen die Strategie verfolgen, sich im eigenen Wettbewerbsumfeld als Innovationsführer zu etablieren. Im Rahmen der Umsetzung dieses Vorhabens wird unterstützend ein Idea Tank eingesetzt.

Betrachtet man den klassischen betriebswirtschaftlichen Strategieprozess, so lassen sich Think Tanks mit ihren gerade skizzierten Themenstellungen wie in Abb. 5.3 dargestellt einordnen.

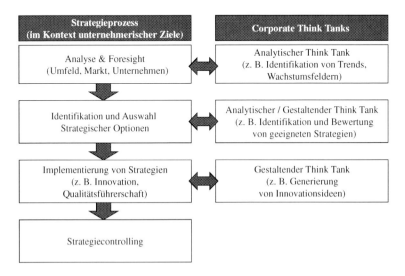

Abb. 5.3 Corporate Think Tanks im Strategieprozess

Im Bereich des Strategiecontrollings kommen Denkfabriken selten zum Einsatz. Diese Tätigkeiten werden in der Regel durch den Funktionsbereich Controlling abgedeckt, z. B. mithilfe einer Balanced Scorecard.

Im Zuge der Vorbereitung einer Denkfabrik muss aus meiner Sicht zwingend geklärt sein, wo ein Corporate Think Tank im Kontext des Strategieprozesses eines Unternehmens anzusiedeln ist. Dies ist wichtig, um sicherzustellen, dass der Think Tank abgestimmt mit anderen strategischen Überlegungen gemeinsam in die übergeordnete Zielsetzung einer Organisation einzahlt.

Hinsichtlich der strategischen Ausrichtung von Unternehmen konnte man in den letzten Jahren immer wieder grundlegende Tendenzen beobachten. Ich bin der festen Überzeugung, dass wir insbesondere in den Industrieländern nach Jahren der Globalisierung, der Maßnahmenpakete zur Kosteneindämmung oder der Qualitätsorientierung heute die Themen Innovation (einschließlich Digitalisierung) und neue Geschäftsfelder fokussiert bearbeiten müssen. Untermauert wird diese These durch die zunehmende Wettbewerbsdynamik, die steigende Anzahl an Disruptionen und die wachsende Fähigkeit der Schwellenländer, nicht mehr nur Produktentwicklungen zu kopieren, sondern diese auch selbst zu entwickeln. Die Reaktionen auf Marktveränderungen müssen aus diesen Gründen heute schneller erdacht und umgesetzt werden. Corporate Think Tanks sind in diesem Kontext eine wesentliche kreative Ergänzung zur Anwendung klassischer Strategietools.

> **Kernaussagen – Corporate Think Tanks im Kontext der unternehmerischen Strategie**
> Bei der Planung eines Corporate Think Tanks muss der Kontext berücksichtigt werden. Es geht um die plausible Verzahnung einer Denkfabrik mit den übergeordneten strategischen Überlegungen einer Organisation oder eines Bereichs. Ein Think Tank kann einerseits begleitend bei der Erarbeitung und Anpassung von Strategien eingesetzt werden. Andererseits sind Denkfabriken in der Praxis bei Umsetzungsaktivitäten von Strategien von Bedeutung: Ein Do Tank für Innovationen beispielsweise, der im Einklang mit der übergeordneten Innovationsstrategie initiiert wird, die wiederum Bestandteil der Unternehmensstrategie ist.

5.4 Erste Quintessenz ableiten: Zehn Erfolgsvoraussetzungen für einen Corporate Think Tank

Unabhängig vom Format oder Thema eines Corporate Think Tanks existieren Erfolgsvoraussetzungen, die aus den drei Vorüberlegungen der vorausgegangenen Kapitel abgeleitet werden können. Abb. 5.4 zeigt diesen Zusammenhang auf.

In Ergänzung dazu ist es unerlässlich, im Prozess der Planung einer Denkfabrik die zu bearbeitende Problemstellung präzise zu formulieren, die Zielsetzung sowie das

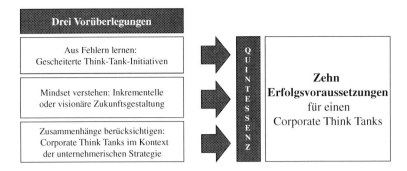

Abb. 5.4 Quintessenz aus den drei Vorüberlegungen

erwartete Endprodukt zu beschreiben und die sich anschließenden Umsetzungsaktivitäten zu berücksichtigen.

Aus meiner Beobachtung heraus müssen die folgenden **zehn Erfolgsvoraussetzungen** bei einem Corporate Think Tank erfüllt sein, um ein ergebnisorientiertes Vorgehen sicherzustellen:

1. Die Identifikation und Berücksichtigung des Mindsets der Organisation und ihrer maßgeblichen Führungskräfte.
2. Die Planung eines Corporate Think Tanks im Kontext übergeordneter, strategischer Überlegungen mit einem wohlüberlegten Themenfokus.
3. Eine präzise formulierte Zielsetzung für den Think Tank, nach Möglichkeit quantifiziert.
4. Die Festlegung auf die Form des Endprodukts (Konzept etc.).
5. Ein heterogenes Team mit kreativen Teilnehmern sowie ein kreativitätsfördernder Ort.
6. Die Zusammenarbeit mit Stakeholdern und externen Partnern zur Forcierung der Offenheit in Bezug auf neue Ideen.
7. Die Sicherstellung einer stringenten und ergebnisorientierten Arbeit im Think Tank mit Unterstützung durch einen professionellen Moderator.
8. Der Einsatz von geeigneten Methoden, die die zielführende Arbeit im Corporate Think Tank sinnvoll unterstützen.
9. Die enge Zusammenarbeit sowie Unterstützung durch die Geschäftsleitung, die zugleich in der Umsetzungsphase als maßgeblicher Treiber fungiert.
10. Den Umsetzungsfokus von Anfang an im Blick haben, durch die frühzeitige Einbindung von betroffenen Fachabteilungen.

Einige der aufgeführten Punkte sind bisher nur am Rande zur Sprache gekommen. In den kommenden Kapiteln werden zahlreiche Aspekte immer wieder Gegenstand der Ausführungen sein.

Im Anhang finden Sie eine ausführliche Checkliste, die auf den zehn Erfolgsvoraussetzungen aufbaut. Sie kann im Planungsprozess für einen Corporate Think Tank eine praktische Hilfestellung darstellen.

> **Kernaussagen: Ableitung von zehn Erfolgsvoraussetzungen für einen Corporate Think Tank**
> Aus den drei Vorüberlegungen „Lernen aus Fehlern", „Mindset" und „Übergeordneter strategischer Rahmen" lassen sich zehn Erfolgsvoraussetzungen eines Corporate Think Tanks ableiten. Deren Berücksichtigung im Planungsprozess trägt maßgeblich zum Gelingen einer Denkfabrik bei.

Literatur

1. Frey, C. (2014). Think Tanks als Impulsgeber für das Marketing im SAP-Umfeld? http://www.carsten-frey.de/tag/think-tank/. Zugegriffen: 31. Jan. 2014.
2. Hacklin, F., Battistine, B., & Wallin, Martin W. (2013). The limit of industry-centered strategic thinking in an era of convergence. http://www.innovationmanagement.se/2013/11/25/the-limits-of-industry-centered-strategic-thinking-in-an-era-of-convergence/. Zugegriffen: 22. Dez. 2013. (In InnovationManagement.se).
3. Drucker, P. (1995). The information executives truly need. http://hbr.org/1995/01/the-information-executives-truly-need/ar/1. Zugegriffen: 22. Dez. 2013. (In Harvard Business Review, Ausgabe Januar 1995).

Die Menschen: Querdenker, Intrapreneure und Visionäre für den Think Tank

Die Zusammenstellung der Teilnehmer für einen Corporate Think Tank stellt einen weiteren wesentlichen Aspekt im Zuge der Planung einer Denkfabrik dar. Abb. 6.1 spiegelt den Stellenwert des Faktors „Mensch" in der Vorbereitungsphase wieder.

Allzu oft ist die Versuchung groß, dass zu viele oder sogar ausschließlich solche Akteure zu den Mitwirkenden einer Denkfabrik zählen, die sonst auch im Unternehmen zu den wichtigsten Handelnden gehören. Bei gestaltenden „Do Tanks" ist allerdings Kreativität gefragt. Nicht immer verfügen die einzelnen Mitglieder eines Führungszirkels über diese Schlüsselqualifikation. Grund genug, sich Gedanken darüber zu machen, welche Teilnehmer bei der Bearbeitung einer Problemstellung in einem Think Tank den größten Nutzen stiften können.

In Kap. 6 stehen vor diesem Hintergrund **vier Themen** im Mittelpunkt:

- Forschungsergebnisse zum Thema Kreativität, um aufzuzeigen, wie insbesondere bei gestaltenden Think Tanks der Ideenoutput gesteigert werden kann(Abschn. 6.1).
- Hintergrundinformationen zum Thema Diversity, um dafür zu sensibilisieren, dass durch Vielfalt bessere Problemlösungen erzeugt werden können (Abschn. 6.2).
- Erkenntnisse zum Thema kollektive Intelligenz, um zu zeigen, wie mehr Menschen bessere Ideen produzieren können (Abschn. 6.3).
- Praxistipps zum Thema Rollen in Think Tanks, um einen Überblick zu geben, welche Aufgaben von den leitenden Akteuren einer Denkfabrik übernommen werden sollten (Abschn. 6.4).

Abb. 6.1 Faktor „Menschen" im Rahmen der Vorbereitung eines Corporate Think Tanks

6.1 Kreativität forcieren: Schlüsselqualifikation für den Think Tank

Kreativität stellt eine wesentliche Grundvoraussetzung dar, wenn die Generierung von Ideen im Mittelpunkt einer Tätigkeit steht. Da dies bei vielen Corporate Think Tanks der Fall ist, sollte man sich ausführlich mit diesem Thema beschäftigen, um Kenntnis davon zu erlangen, auf welche Art und Weise sich Kreativität bei den Akteuren einer Denkfabrik am besten auslösen lässt.

Der Begriff geht auf das lateinische Wort „creare" (erschaffen, hervorbringen) zurück. Horst Geschka, ein Experte der deutschen Kreativitätsszene, versteht darunter Folgendes:

▶ **Definition: Kreativität** „Die menschliche Fähigkeit, Probleme durch neue, originelle oder ungewöhnliche Ansätze zu lösen." [1]

Drei Vorgehensweisen können nach Geschka Kreativität freisetzen [1]:

1. „Aus gewohnten Denkstrukturen ausbrechen": Hierzu zählen der berühmte Blick über den Tellerrand, das Querdenken und die Verhaltensweise, gewohnte Dinge bewusst infrage zu stellen.
2. „Wissen und Erfahrungen neu kombinieren": Damit ist gemeint, gezielt solche Dinge zu verknüpfen, die auf den ersten Blick nicht in einer Beziehung zueinander stehen. Viele neue Ideen kommen dadurch zustande, dass zwei altbekannte Aspekte oder Konzepte erstmalig zusammengebracht werden.
3. „Perspektiven wechseln": Der Blick aus einer anderen Perspektive, z. B. durch die „Brille" einer anderen Person, kann inspirierend sein und neue Ideen freisetzen.

In der Praxis haben sich über einhundert Kreativitätstechniken etabliert, die im Wesentlichen an diese drei Vorgehensweisen anknüpfen. Sie sind ein Hilfsmittel, um Menschen zu mehr Ideen zu verhelfen. Dabei gilt der Grundsatz, Quantität anzustreben: Je mehr Ideen produziert werden, desto größer ist die Wahrscheinlichkeit, dass darunter auch außergewöhnliche, innovative Ansätze zu finden sind. In Abschn. 8.4 werden Ihnen einige solcher Methoden vorgestellt.

Spricht man Erwachsene auf ihre persönliche Kreativität an, so erfährt man, dass sich erstaunlich viele Menschen für gänzlich unkreativ halten. Zu diesem Thema hat der amerikanische Wissenschaftler George Land aufschlussreiche Forschungsergebnisse veröffentlicht [2]. Vor einigen Jahren bat ihn die Weltraumbehörde NASA, einen Kreativitätstest für die Rekrutierung von Ingenieuren zu entwickeln. Land arbeitete den Test aus und kam einige Zeit später auf die Idee, diesen mit Kindern, Jugendlichen und Erwachsenen in den USA durchzuführen. Die Ergebnisse dieser Langzeituntersuchung sind erstaunlich [2]:

- 98 % der vier- bis fünfjährigen Kinder sind hochkreativ
- 30 % der zehnjährigen Kinder sind hochkreativ
- 12 % der fünfzehnjährigen Jugendlichen sind hochkreativ
- 2 % der Erwachsenen über 25 Jahren sind hochkreativ

Der Forscher führt diese Studienergebnisse u. a. auf das Schulsystem zurück, in dem es für die kreative Entfaltung von Kindern und Jugendlichen zu wenig Raum gäbe. Im Berufsleben scheint schließlich eher die Rationalität im Vordergrund zu stehen. Die gute Nachricht: Mit Erreichen des Rentenalters steigt der Anteil der hochkreativen Menschen wieder leicht an, da offensichtlich wieder mehr Zeit für inspirierende Tätigkeiten (z. B. Besuche von Kultureinrichtungen, Reisen) zur Verfügung steht.

Angesichts dieser Erkenntnisse kommt unweigerlich die Frage auf, ob und wie es möglich ist, im Erwachsenenalter wieder kreativer zu werden. Kreativität wird häufig mit einem Muskel verglichen, den man auch im fortgeschrittenen Alter noch trainieren kann. Die Stanfordprofessorin Tina Seelig liefert erste Anhaltspunkte, von welchen entscheidenden Faktoren Kreativität abhängig ist [3]:

1. **Kultur** (z. B. Kulturkreis, Mikrokultur, Unternehmenskultur)
2. **Vorstellungskraft** (z. B. Fantasie oder die Fähigkeit zu visionärem Denken)
3. **Zugang zu Ressourcen** (z. B. Bildung, Handwerkszeug wie Kreativitätstechniken, finanzielle Ressourcen)
4. **Persönliche Einstellung** (die persönliche Bereitschaft, überhaupt kreativ sein zu wollen)
5. **Lebens-/Arbeitsraum** (z. B. steriles Großraumbüro versus „Kreativraum")
6. **Wissen** (je mehr ein Mensch weiß, desto stärker ist er in der Lage, Verbindungen zwischen unterschiedlichen Wissensgebieten herzustellen, die wiederum in neuen Ideen münden können)

Ich halte diese sechs Punkte mit Blick auf die Vorbereitung und Durchführung eines Corporate Think Tanks für hoch relevant. Bezüglich der **Mikrokultur** sollte darauf geachtet werden, dass die Teilnehmer einer Denkfabrik in einer angstfreien Atmosphäre und mit gegenseitigem Respekt ihrer Aufgabe nachgehen können. Die **Vorstellungskraft** der Teilnehmer kann durch inspirierende Keynote-Vorträge oder interessante Studienergebnisse angeregt werden. Besonders geeignet für einen Think Tank sind zudem Menschen mit der Fähigkeit zu visionärem Denken. Der **Zugang zu Ressourcen** erfordert, eine Denkfabrik finanziell und personell so auszustatten, dass eine zielführende Themenbearbeitung sinnvoll durchgeführt werden kann. Der Einsatz von unterstützenden Methoden bedingt Trainingsmaßnahmen oder die Beauftragung eines entsprechend ausgebildeten Moderators. Die **persönliche Einstellung** der Akteure eines Corporate Think Tanks sollte geprägt sein durch hohe intrinsische Motivation, Teamfähigkeit sowie unternehmerisches Denkvermögen. Der **Arbeitsraum** sollte flexibel nutzbar und inspirierend sein (siehe Kap. 7). Letztlich sind solche Teilnehmer für eine Denkfabrik geeignet, die über ein großes **Wissen** verfügen, da dies die Fähigkeit begünstigt, Assoziationen herzustellen.

In Ergänzung zu diesen Thesen lohnt die Betrachtung einer Studie, in der solche Menschen analysiert wurden, die im besonderen Maße disruptive Innovationen hervorgebracht haben (Zur Erinnerung: Unter einer disruptiven Innovation versteht man neue Produkte oder Technologien, die die bisherigen verdrängen können). Insgesamt fünf wesentliche Fähigkeiten werden diesen **Schöpfern von disruptiven Innovationen** zugeschrieben [4, 5]:

1. Assoziieren: Diese Menschen sind besonders gut darin, Verknüpfungen zwischen Bereichen bzw. Themen herzustellen, die man bisher als nicht im Zusammenhang stehend angesehen hat.
2. Fragen stellen: Disruptive Innovatoren stellen generell viele Fragen, ergründen das „Warum" einer Vorgehensweise und zeichnen sich in hohem Maße durch ein Interesse an vielen Themen aus.
3. Beobachten: Sie beobachten genauestens ihre Umwelt einschließlich (potenzieller) Kunden.
4. Networking: Sie sind sehr gut vernetzt und nutzen den Austausch mit unterschiedlichen Menschen und deren Perspektiven gezielt als Inspiration.
5. Experimentieren: Das „Try-and-Error-Prinzip" wird zum Maßstab aller Dinge. Dabei gilt die Devise, frühestmöglich aus Fehlern zu lernen und ein Entwicklungsvorhaben immer weiter zu optimieren.

Alle fünf Punkte liegen der Methode „Design Thinking" zugrunde, die Gegenstand des Abschn. 8.5 ist. An dieser Stelle soll lediglich auf den Punkt **Assoziieren** näher eingegangen werden. Für die Arbeit in einem Corporate Think Tank ist es äußerst wichtig, dass die Akteure in der Lage sind, **auf den Gedanken und Ideen anderer Menschen aufzubauen**. Die Ergebnisse sind eine Teamleistung, und als Team sollten sich die Akteure der Denkfabrik gegenseitig ergänzen und inspirieren. Im Abschn. 4.1.8 wurde der Think Tank „Clay Street Project" von Procter & Gamble dargestellt. Neue Projektteams beschäftigen sich dort anfangs mit Improvisationstheater, um auf diese Weise spielerisch zu lernen, wie man auf den Gedanken und Geschichten anderer Menschen aufbaut.

Kreativität kann leider nicht immer auf Knopfdruck freigesetzt werden. Die Erfahrung zeigt, dass nicht unbedingt bei einer spezifischen Sitzung unmittelbar die besten Ideen generiert werden. Viele Geistesblitze entstehen außerhalb der Arbeits- und Besprechungszeiten. Etliche Menschen haben etwa beim Einschlafen bzw. Aufwachen gute Ideen. Die Gehirnforschung beschreibt diesen Übergangsbereich zwischen Schlafen und Wachsein als einen Zustand, in dem wir in besonderem Maße Erlebnisse und Erfahrungen im Gedächtnis verarbeiten. Paul McCartney von den Beatles berichtete beispielsweise, dass er eines Morgens beim Aufwachen die Melodie für den Song Yesterday im Kopf gehabt habe [6].

Ähnlich verhält es sich offenbar, wenn wir unser Gehirn auf Autopilot schalten und dabei einer monotonen und verinnerlichten Tätigkeit nachgehen. So schildern Menschen, dass sie beim Joggen, Spazierengehen, Duschen, Rasenmähen und gelegentlich sogar beim Autofahren kreative Einfälle haben. Im Rahmen eines Think Tanks kann man sich diese Erkenntnis zunutze machen, in dem eine Themenstellung vorab den Akteuren mitgeteilt oder aber bewusst mehrere Sitzungstermine einplant werden, damit die Teilnehmer sich individuell und unterbewusst mit der Problemstellung beschäftigen.

Kontraproduktiv sind im Zusammenhang mit kreativen Leistungen im Übrigen Anreizsysteme. Studien haben gezeigt, dass Kreativität in erheblichem Ausmaß durch intrinsische Motivation ausgelöst wird. Finanzielle Anreize funktionieren bei weniger komplexen Aufgaben, allerdings nicht zur Stimulierung kreativer Höchstleistungen [7].

Aus meiner Erfahrung heraus lohnt es sich im Hinblick auf die Quantität und Qualität der Ergebnisse eines Corporate Think Tanks, diese vielfältigen Erkenntnisse in Bezug auf Kreativität zu beachten. Insbesondere zwei Aspekte sind in diesem Zusammenhang von Relevanz: Einerseits **die richtigen Akteure** für eine Denkfabrik zu finden und andererseits für diese Personen **inspirierende Rahmenbedingungen** (z. B. Methoden, Raum, Keynote-Vorträge) zur Verfügung zu stellen.

> **Kernaussagen – Teilnehmer: Querdenker, Intrapreneure und Visionäre**
> Die Auswahl der richtigen Teilnehmer für einen Corporate Think Tank stellt eine wesentliche Erfolgsvoraussetzung dar. Insbesondere bei gestaltenden Think Tanks sind Kreativität und Enthusiasmus gefragt. Entsprechend sollten solche Akteure in einer Denkfabrik mitwirken, die Kraft ihrer Persönlichkeit gut assoziieren können, über ein breites Wissen verfügen, zu visionärem Denken fähig sind, Interesse zeigen, Fragen stellen, gut beobachten können und vernetzt sind. Teilnehmer eines Think Tanks sollten zudem über Teamfähigkeit verfügen, d. h. insbesondere in der Lage sein, auf den Gedanken und Ideen anderer Menschen aufzubauen bzw. andere Akteure zu inspirieren.
>
> Für die Durchführung eines Think Tanks ist ferner zu berücksichtigen, dass Kreativität u. a. durch den Einsatz geeigneter Methoden, inspirierender Räumlichkeiten sowie spannender Keynote-Vorträge freigesetzt werden kann.

6.2 Heterogenität sichern: Vielfalt konstruktiv nutzen

Heterogene Gruppen können mehr und bessere Ideen produzieren als homogene Gruppen. Dieser These liegt der Grundgedanke von **Diversity Management** (Vielfaltsmanagement) zugrunde. Das Thema lohnt einer näheren Betrachtung, denn Heterogenität vermag eine positive Auswirkung auf die Ergebnisse eines Corporate Think Tanks hervorzurufen.

Der Begriff Diversity beherrscht seit einigen Jahren die Debatte im Personalbereich. Im Grunde geht es darum, nicht nur die Unterschiedlichkeit von Menschen zu tolerieren, sondern sie auch gezielt für den Unternehmenserfolg zu nutzen [8]. In der politischen Diskussion dreht sich gegenwärtig viel um das Thema einer höheren Frauenquote, etwa in Aufsichtsräten oder Managementpositionen. Mittlerweile haben viele DAX-Unternehmen zumindest einen Vorstandsposten mit einer weiblichen Führungskraft besetzt, häufig den Human-Ressources-Bereich. Doch Diversity hat weitaus mehr Facetten. Der Verein „Charta der Vielfalt e. V." hat als Unternehmensinitiative rund um Vielfaltsmanagement folgende Diversity-Dimensionen von Menschen identifiziert:

„**Innere Dimension**: Alter, Geschlecht, sexuelle Orientierung, physische Fähigkeiten, ethnische Zugehörigkeit, Weltanschauung;

Äußere Dimensionen: Geografische Lage, Einkommen, Gewohnheiten, Freizeitverhalten, Religion, Ausbildung, Berufserfahrung, Auftreten, Elternschaft, Familienstand;

Organisationale Dimensionen: Funktion/Einstufung, Arbeitsinhalte/-feld, Abteilung/Einheit/Gruppe, Dauer der Zugehörigkeit, Arbeitsort, Gewerkschaftszugehörigkeit, Management-Status" [9].

Andere Autoren bzw. Forscher verfolgen eine unterschiedliche Systematik und differenzieren in angeborene (z. B. Geschlecht, Geburtsjahr) und erworbene (z. B. Ausbildung, Erfahrung) Diversity-Dimensionen.

Führungskräfte neigen – trotz allgegenwärtiger Diversity-Diskussion – häufig unbewusst dazu, solche Mitarbeiter bevorzugt einzustellen bzw. um sich zu versammeln, die ähnlich denken und handeln wie sie selbst. Dieses Phänomen bezeichnen Fachleute als homosoziale Reproduktion. Eine Gruppe mit vielen ähnlichen Menschen wird vielleicht besser miteinander auskommen, sie wird aber auch zwangsläufig sehr ähnlich denken. Dies hemmt die Kreativität. Heterogene Teams mit unterschiedlichen Persönlichkeiten, Vertretern unterschiedlicher Berufe, Werte, Lebensstile etc. können als Gemeinschaft auf einen großen Pool an verschiedenen Erfahrungsschätzen zur Inspiration zurückgreifen. Diverse Teams sind daher häufig kreativer und ideenreicher. Voraussetzung dafür ist, dass die Akteure die Offenheit besitzen, in einem heterogenen Umfeld arbeiten zu wollen. Diversity führt nämlich nicht von alleine zum Erfolg. Unterschiedlichkeit kann zu Diskrepanzen führen, zu Gruppenbildung und Vorurteilen. Dem muss entgegengewirkt werden. Aus diesem Grund geht man heute davon aus, dass Diversity aktiv gemanagt werden muss, z. B. mithilfe von Personalentwicklungskonzepten sowie begleitenden Schulungen.

6.2 Heterogenität sichern: Vielfalt konstruktiv nutzen

Im Zusammenhang mit einem Corporate Think Tank kann Heterogenität von großem Nutzen sein. Wissenschaftler der drei US-Universitäten Stanford, Illinois in Chicago sowie der Wharton Business School haben sich schon vor einigen Jahren mit Diversity im Kontext von Teamarbeit auseinandergesetzt. In ihren Studien erklären auch sie mögliche Konflikte in Gruppen mit heterogenen Teams. Je nachdem, wie die Teammitglieder mit diesen Konflikten umgehen, kann Diversity dazu führen, dass sich eine Gruppenleistung in puncto Kreativität verbessert oder verschlechtert [10]. Demnach können konstruktiv ausgetragene Konflikte bzw. Diskussionen den Ergebnisoutput erhöhen. Fehlt dieses konstruktive Element, kann das Gegenteil der Fall sein.

Bei der Teilnehmerzusammensetzung einer Denkfabrik sollten daher Menschen berücksichtigt werden, die sich durch folgende Einstellung auszeichnen: Offenheit, Toleranz und – wie schon im vergangenen Kapitel dargelegt – sie sollten die Fähigkeit besitzen, auf den Ideen und Gedanken anderer Menschen aufzubauen. Unter diesen Voraussetzungen kann davon ausgegangen werden, dass sich Diversity in Denkfabriken auszahlt.

Umstritten ist unter Fachleuten, inwiefern Mitarbeiter unterschiedlicher Hierarchiestufen an einem Corporate Think Tank teilnehmen sollten. Gerade bei Führungskräften mit sehr dominantem Auftreten scheint Vorsicht angebracht zu sein, denn sie können aufgrund ihrer Persönlichkeit Ideengenerierungsprozesse im Keim ersticken. Voraussetzung für eine erfolgreiche Durchführung von Denkfabriken mit Hierarchie übergreifender Teilnehmerzusammensetzung ist eine stringente Moderation in einer angstfreien Atmosphäre, in der Vertreter des Topmanagements zurückhaltend agieren.

Externe Teilnehmer (z. B. Schlüsselkunden, Lieferanten, Studenten) können dabei helfen, einer etwaigen Betriebsblindheit entgegenzuwirken. Man spricht in diesem Zusammenhang häufig vom Outsider Advantage – also einem Vorteil von Außenstehenden, die mit frischen und unverbrauchtem Blick Ideen generieren und somit einen Corporate Think Tank bereichern können.

> **Beispiel zur Realisierung eines Outsider Advantage**
> In Großbritannien ist die Idee entstanden, Kreative aus Agenturen für eine Woche auszutauschen. Das Projekt lief zuletzt im Jahr 2012. Die Registrierung und Organisation erfolgte über die Internetseite www.creativeswap.co. Die Zielsetzung: Kontaktaufbau und der Austausch von Ideen, Prozessen, Wissen und Erfahrung.

In meinem Beratungsunternehmen haben wir vor etlichen Jahren begonnen, eine Datenbank mit **Kreativ-Enthusiasten** aufzubauen. Darin finden sich leidenschaftliche Studenten, Young-Professionals, Unternehmer sowie weitere kreative Menschen aus den unterschiedlichsten Berufsgruppen und Fachdisziplinen. Sie alle haben Spaß daran, Ideen und Problemlösungen zu generieren. Häufig ergänzen wir bei einem anstehenden temporären Think Tank eines Klienten die internen Teilnehmer mit unseren Kreativ-Enthusiasten und arbeiten in gemischten Gruppen (z. B. acht Teilnehmer aus unterschiedlichen Funktionsbereichen des Auftraggebers und acht Externe). Gelegentlich suchen wir ausschließlich mit unseren Kreativ-Enthusiasten nach neuen Ideen/Innovationen für unsere Auftraggeber. Nicht alle Klienten favorisieren eine solche Vorgehensweise. Die häufigsten Bedenken drehen sich um das Thema Geheimhaltung, die man besser bei einer rein internen Gruppe gewährleistet sieht. Entscheidet man sich dennoch für externe Teilnehmer, sollten alle juristischen Aspekte vorab geklärt sein (z. B. Verschwiegenheitspflichten, Abtretung von Nutzungs- und Vermarktungsrechten an den Auftraggeber).

> **Kernaussagen – Heterogenität sichern: Vielfalt konstruktiv nutzen**
> Die heterogene Zusammensetzung der Teilnehmer eines Corporate Think Tanks kann durch die vielen unterschiedlichen Erfahrungen und Sichtweisen den kreativen Output erheblich verbessern, vorausgesetzt, die Akteure bringen eine entsprechende Offenheit gegenüber anderen Gedanken, Disziplinen und Ideen mit. Diversity kann in einer Denkfabrik wie folgt realisiert werden: interne und externe Teilnehmer, junge und erfahrene Akteure, Frauen und Männer, unterschiedliche Ausbildungshintergründe und Arbeitsbereiche sowie gegebenenfalls Hierarchien, verschiedene Religionen oder Herkunft.

6.3 Kollektive Intelligenz zurate ziehen: Potenzial „der Vielen" erschließen

Die meisten Corporate Think Tanks werden mit Gruppen von 6–16 Personen durchgeführt. Gelegentlich wird dieser Personenkreis in der Hoffnung erweitert, mit mehr Menschen ein Plus an Ideen oder bessere Lösungen hervorzubringen. In Abschn. 6.1 wurde im Zusammenhang mit dem Thema Kreativität darauf hingewiesen, dass sich das Streben nach Quantität lohnt: Viele generierte Ideen erhöhen die Wahrscheinlichkeit, dass sich darunter ein besonders bahnbrechender Ansatz verbirgt. Diesen Gedanken möchte ich im Folgenden noch einmal aufgreifen und Ihnen die Idee der kollektiven Intelligenz (häufig auch als „Schwarmintelligenz" bezeichnet) erläutern. Der Begriff steht für die „Weisheit der Vielen". Unter dem gleichnamigen Buchtitel beschreibt der Autor James Surowiecki, „dass die Kumulation von Informationen in Gruppen zu gemeinsamen Gruppenentscheidungen führt, die oft besser sind als die Lösungselemente einzelner Teilnehmer." [11, 12]

Vor diesem Hintergrund wird auch bei einigen Corporate Think Tanks der Gedanke großer Teilnehmerzahlen verfolgt. Aus meiner Erfahrung heraus kommen insbesondere drei Vorgehensweisen infrage:

6.3 Kollektive Intelligenz zurate ziehen: Potenzial „der Vielen" erschließen

1. **Großgruppenveranstaltungen als Think Tanks**
   Unter bestimmten technischen und organisatorischen Voraussetzungen lassen sich Denkfabriken mit einer großen Anzahl von Teilnehmern durchführen. In Abschn. 4.2.5 wurde das Beispiel einer Führungskräftekonferenz des Versicherungsunternehmens ARAG dargestellt. 200 Mitarbeiter (aufgeteilt in Kleingruppen) beschäftigten sich im Rahmen der Veranstaltung mit Möglichkeiten zur Umsatzsteigerung bzw. suchten nach Ideen zur Vereinfachung interner Abläufe.
2. **Die Verknüpfung von Think Tanks mit dem kreativen Potenzial von Kollegen**
   Gelegentlich nutzen die Akteure eines Think Tanks das kreative Potenzial ihrer Kollegen. Gezielt werden dabei z. B. über ein firmeneigenes Intranet oder spezielle Softwaretools interaktive Brainstorming-Sessions abgehalten. Die hierbei generierten Ideen werden anschließend im Think Tank aufgegriffen und zu Konzepten weiterverarbeitet.
3. **Die Verknüpfung von Think Tanks mit dem kreativen Potenzial der Außenwelt**
   Die Akteure einer Denkfabrik können bei Bedarf gezielt auf die Ideen von unternehmensexternen Experten/Kreativen zurückgreifen. In Abschn. 4.1.3 wurde als Beispiel für diese Vorgehensweise der Think Tank von Cisco Systems vorgestellt. Eine Besonderheit bestand darin, dass Cisco die hauseigene Denkfabrik mit dem kreativen Potenzial der Außenwelt verknüpfte: Durch den Innovationswettbewerb I-Price wurden Entwickler, Tüftler und Unternehmer dazu aufgerufen, ihre Ideen und Vorschläge für Cisco einzubringen.

Durch eine solche Verfahrensweise werden unterschiedliche Anliegen verfolgt. Neben der Chance auf eine höhere Quantität und Qualität der Ideen kann mit dem Einbeziehen von Mitarbeitern eine höhere Motivation sowie eine größere Akzeptanz der Umsetzungsmaßnahmen einhergehen. Die Beteiligung der Außenwelt kann mit der Absicht einer bedarfsgerechteren Produktentwicklung erfolgen.

Losgelöst von Corporate Think Tanks versuchen Unternehmen zunehmend, interne Programme auszurollen, über die Mitarbeiter aus allen Funktionsbereichen und Hierarchiestufen erreicht werden. Die Zielsetzung besteht darin, nach Verbesserungs- sowie Innovationspotenzial zu suchen.

> **Beispiel: Die Innovationsinitiative Adobe Kickbox**
> Das Softwareunternehmen Adobe ist bekannt für Produkte wie den Adobe Flash Player oder seine umfangreichen Cloudlösungen. Um Mitarbeiter zu Innovatoren zu entwickeln wurde das Kickbox-Programm zusammengestellt. Im Rahmen einer Trainingsveranstaltung erhalten Teilnehmer eine Art persönliches Innovations-Starter-Set. Alles was für den Start eines eigenen Innovationsprojekts benötigt wird, befindet sich in einer roten Box [13]:

- Brief des Vorstandsvorsitzenden zur Einstimmung. Die Botschaft: „The company wants you to innovate".
- Erlaubnis vom Vorgesetzten, in 6–8 Wochen etwa 30–40 Stunden Zeit in das eigene Innovationsprojekt zu investieren.
- Kreditkarte mit $ 1000,-. Die Mitarbeiter können unbürokratisch und im eigenen Ermessensspielraum über die projektbezogene Verwendung des Geldbetrages entscheiden.
- Schokolade und Koffein (in Form einer Kundenkarte für eine Kaffeehauskette).
- Beschreibung eines erprobten Prozesses mit folgenden Schritten [14]: Motivieren, Ideen finden, Verbessern, Erforschen, Iterieren, Überzeugen.
- Setkarten mit Detailinformationen für die einzelnen Prozessschritte.

Über 1000 Mitarbeiter von Adobe haben an dem Programm teilgenommen und durchschnittlich wird im Anschluss in etwa 6 % der durchgeführten Projekte investiert [14]. Für diesen Fall wird den Teilnehmern eine blaue Box in Aussicht gestellt, um beispielsweise im Rahmen eines Corporate Accelerators bei der Umsetzung mitzuwirken.

Kritisch anzumerken ist, dass größere Teilnehmerzahlen in der Regel mit einem höheren Koordinationsaufwand einhergehen. Zudem ist ab einem bestimmten Punkt von einem abnehmenden kreativen Grenznutzen auszugehen, bei dem (noch) mehr Menschen außer Wiederholungen kaum noch neue Ideen generieren.

> **Kernaussagen – Potenzial „der Vielen" erschließen**
> Ein Mehr an Kreativität lässt sich bei Bedarf durch eine größere Anzahl von professionell koordinierten Akteuren erzielen. Ein Corporate Think Tank kann hierfür beispielsweise als Großgruppenveranstaltung konzipiert werden, Kollegen einbeziehen oder gezielt externe Ideengeber für den kreativen Prozess nutzen.

6.4 Aufgaben zuordnen: Rollen im Think Tank

Unter dem Faktor „Mensch" standen im Kap. 6 u. a. die Themen Kreativität und Heterogenität als wesentliche Leitlinien für die Teamzusammensetzung einer Denkfabrik im Vordergrund. Darüber hinaus wurden die Möglichkeiten und Grenzen von kollektiver Intelligenz aufgezeigt. Im abschließenden Teilkapitel stehen die unterschiedlichen Rollen in einem Corporate Think Tank im Mittelpunkt, um darzulegen, welche übergeordneten Aufgaben einzelne Akteure übernehmen sollten. Damit sind Tätigkeiten gemeint, die über die der regulären Teilnahme hinausgehen. In der Praxis kann es dabei vorkommen,

6.4 Aufgaben zuordnen: Rollen im Think Tank

dass von einer Person mehrere der folgenden Rollen wahrgenommen werden (siehe dazu Abb. 6.2).

Eine zentrale Rolle in einer Denkfabrik kommt dem **Initiator** zu (die im Folgenden verwendeten männlichen Rollenbezeichnungen gelten genauso für die weiblichen Akteure). Häufig ist das eine Führungskraft, d. h. ein Vorstand, Geschäftsführer oder Bereichsleiter. Gelegentlich sind es auch mehrere Personen, z. B. ein Führungskreis, die einen Think Tank initiieren. Die wesentliche Aufgabe des Initiators besteht darin, den Rahmen für die Denkfabrik klar abzustecken, d. h. die Aufgabe bzw. Themenstellung präzise zu formulieren und die Ziele festzulegen. Dies sollte im Kontext einer übergeordneten Unternehmensstrategie erfolgen (siehe Abschn. 5.3). Darüber hinaus muss der Initiator gegebenenfalls Überzeugungsarbeit leisten und dazu beitragen, dass der angedachte Think Tank im Unternehmen auf eine breitestmögliche Akzeptanz stößt. Im Rahmen der Durchführung der Denkfabrik ist der Initiator entweder aktiver Teilnehmer oder als Außenstehender ein interessierter Beobachter, der sich immer wieder über die Arbeitsergebnisse informiert und bei Bedarf unterstützend eingreift. Bei der Umsetzung von Ergebnissen aus dem Think Tank fungiert der Initiator idealerweise als ein Treiber, auch wenn die dazu notwendigen projektbezogenen Aufgaben delegiert werden. In dieser Rolle begleitet er die Implementierung der beschlossenen Maßnahmen.

Insbesondere bei permanent installierten Denkfabriken übernimmt häufig eine Führungskraft die Funktion der **Leitung Corporate Think Tank**. Er übernimmt sowohl die organisatorischen Aufgaben eines Managers als auch die Aufgaben eines Leaders, in dem er z. B. motiviert und Visionen aufzeigt. Er ist in die Planungsarbeiten involviert und eine wichtige kommunikative Verbindung zwischen dem Initiator und den weiteren Akteuren der Denkfabrik.

Der **Moderator** (je nach Gruppengröße auch mehrere Moderatoren) fungiert als wesentlicher Strukturgeber. Er ist in die Vorgespräche einzubinden und steht im engen Kontakt mit dem Initiator und der Leitung des Think Tanks. Er ist mitverantwortlich dafür, dass die Ziele der Denkfabrik erreicht werden und eine ergebnisorientierte sowie fokussierte Arbeit sichergestellt wird. Als Methodenspezialist plant er den Ablauf von Sitzungen und wählt geeignete Tools aus. Er stimuliert die Akteure zu einer aktiven Teilnahme, sorgt für Abwechslung und stellt sicher, dass die Teilnehmer (ohne allzu

Rolle	Aufgaben
Initiator	klären, überzeugen, bewegen
Funktionale Leitung Corporate Think Tank	organisieren, motivieren
Moderator (ggf. Moderationsassistent)	strukturieren, klären, motivieren
Inspiratoren	inspirieren, motivieren
Senior Advisor	klären

Abb. 6.2 Übersicht der Rollen in einem Corporate Think Tank

viel Kritik) auf den Gedanken und Ideen anderer Akteure aufbauen. Zudem versucht er für eine gute und vor allem angstfreie Atmosphäre zu sorgen. Zu seinen Aufgaben zählt auch, auf dominierende oder detailversessene Teilnehmer einzuwirken bzw. sonstige Störungen zu unterbinden. Er stellt sicher, dass bestimmte Verhaltensregeln (z. B. keine Telefonate), die vorab mit den Teilnehmern vereinbart wurden, eingehalten werden. Darüber hinaus koordiniert der Moderator die Ergebnissicherung, in dem er visualisiert und zusammenfasst. Der Moderator braucht für seine Tätigkeiten ein gewisses „Standing", zum Beispiel gestützt auf Seniorität bzw. langjährige Erfahrung (speziell auch im Umgang mit schwierigen Teilnehmern). Dies ist notwendig, um seitens der Teilnehmer ein Höchstmaß an Akzeptanz sicherzustellen.

Bei Bedarf wird der Moderator durch einen (oder mehr) **Assistenten** unterstützt. Dieser hält dem Moderator den Rücken frei und hilft ihm z. B. bei der Erstellung von Fotoprotokollen, Videoaufnahmen oder bei der Visualisierung von Ergebnissen. Bei Bedarf übernimmt er die Assistenzmoderation, z. B. bei einer Kleingruppenarbeit.

Nicht immer kommt in Corporate Think Tanks ein Moderator zum Einsatz. Je nach Konzept einer Denkfabrik wird gelegentlich auf die Selbstorganisation der Teilnehmer gesetzt, wie die Beispiele von Atlassian (siehe Abschn. 4.2.1) und Palomar 5 (siehe Abschn. 4.2.7) gezeigt haben.

Gelegentlich werden **Inspiratoren** zu einer Denkfabrik eingeladen. Sie halten beispielsweise Keynote-Vorträge als Einstieg in eine Themenbearbeitung. Ihnen obliegt im Wesentlichen das Wachrütteln der Teilnehmer bzw. das Aufzeigen eines frischen Blickwinkels auf die Themenstellung des Think Tanks.

Immer dann, wenn Führungskräfte in einer Denkfabrik mitwirken, kann ihnen von Fall zu Fall die Rolle eines **Senior Advisors** zukommen (gelegentlich ist dies dieselbe Person wie der Initiator oder der Leiter des Think Tanks). In bestimmten Situationen, z. B. bei festgefahrenen Diskussionen oder bei der Festlegung von Prioritäten, kann sich der Moderator entschließen, eine Pause einzulegen, um mit den Senior Advisors Rücksprache bezüglich der weiteren Vorgehensweise zu halten.

Im Zuge der Vorbereitung eines Think Tanks ist es wichtig, die Rollenverteilung im Sinne einer ergebnisorientierten Arbeit festzulegen. Die klare Zuordnung und Kommunikation von Kompetenzen gibt den Teilnehmern Orientierung und trägt wesentlich zu einem professionellen Ablauf eines Think-Tank-Projektes bei.

> **Kernaussagen – Aufgaben zuordnen: Rollen im Think Tank**
> In einer Denkfabrik übernehmen die Akteure unterschiedliche Rollen. Neben dem **Initiator**, der Rahmen, Thema und Ziele bestimmt, kommt dem **Leiter des Think Tanks** und dem **Moderator** eine hohe Bedeutung zu. Letzterer ist für eine stringente und ergebnisorientierte Vorgehensweise verantwortlich und muss zudem inspirierend wirken sowie in kritischen Situationen konsensfördernd und lösungsorientiert agieren. Der Moderator wird gelegentlich unterstützt durch **Assistenten**. **Senior Advisor** übernehmen die Aufgabe, gemeinsam mit dem Moderator Prioritäten zu setzen.

Literatur

1. Geschka, H., & General, S. (2006). Kreatives Führen. In L. Becker, J. Ehrhardt, & W. Gora (Hrsg.), *Führungskonzepte und Führungskompetenz* (S. 394). Düsseldorf: Symposion.
2. Land, G. (2011). Vortrag „The Failure of Success" auf der TEDxTucson Tagung, Dezember 2011. http://www.youtube.com/watch?v=ZfKMq-rYtnc. Zugegriffen: 21. Jan. 2014.
3. Seelig, T. (2012). *Ingenious* (S. 185 ff.). New York: HarperCollins.
4. Street Farnam. (2013). 5 skills of disruptive innovators. The Huffington Post, Zugegriffen: 9. Dez. 2013. http://www.businessinsider.com/5-skills-of-disruptive-innovators-2013-12. Zugegriffen: 23. Jan. 2014.
5. Dyer, J., Gregersen, H., & Christensen, C. M. (2011). *The innovators DNA – mastering the five skills of disruptive innovators*. Boston: Harvard Business Review.
6. Gregoire, C. (2013). 8 famous ideas that came from dreams (Literally). The Huffington Post, Zugegriffen: 16. Nov. 2013. http://www.huffingtonpost.com/2013/11/16/famous-ideas-fromdreams_n_4276838.html. Zugegriffen: 22. Jan. 2014.
7. Pink, D. (2009). Vortrag „The puzzle of motivation" auf dem Event TEDGlobal 2009, August 2009. http://new.ted.com/talks/dan_pink_on_motivation. Zugegriffen: 23. Jan. 2014.
8. Wikipedia. (2014). Diversity management. http://de.wikipedia.org/wiki/Diversity_Management. Zugegriffen: 24. Jan. 2014.
9. Charta der Vielfalt, e. V. (2013). Diversity dimensionen. http://www.charta-der-vielfalt.de/diversity/diversity-dimensionen.html. Zugegriffen: 24. Jan. 2013.
10. Stanford Graduate School of Business. (1999). Diversity and work group performance. Zugegriffen: 1. Nov. 1999. http://www.gsb.stanford.edu/news/research/diversity-work-group-performance. Zugegriffen: 25. Jan. 2014.
11. Wikipedia. (2014). Die Weisheit der Vielen. http://de.wikipedia.org/wiki/Die_Weisheit_der_Vielen. Zugegriffen: 28. Jan. 2014;
12. Surowiecki, J. (2009). *Die Weisheit der Vielen*. München: Goldmann.
13. Internetpräsenz von Adobe Kickbox. https://kickbox.adobe.com. Zugegriffen: 11. April 2016.
14. MAK3it. (2015). Whitepaper: Die Innovation-Kickbox. http://www.innovation-kickbox.de/#whitepaper. Zugegriffen: 11. April 2016.

Die Location: Inspirierende Raumkonzepte für kreative Höchstleistung

7

Der Durchführungsort stellt das dritte große Planungsthema im Zuge der Vorbereitung eines Corporate Think Tanks dar. Abb. 7.1 stellt den Stellenwert des Faktors „Location" in der Vorbereitungsphase dar.

Bei der Realisierung von Denkfabriken hat es sich durchgesetzt, im Hinblick auf den Ort der Durchführung nach besonderen, d. h. inspirierenden Locations zu suchen. Bei einem permanent installierten Think Tank an einem unternehmensexternen Ort kann eine außergewöhnliche Architektur motivierend auf die Mitarbeiter wirken. Bei zeitlich befristeten Denkfabriken wird häufig auf geeignete Räumlichkeiten von schön gelegenen Seminarhotels, Weingütern oder gar Klöstern zurückgegriffen. Manchmal sind die Räumlichkeiten sogar mobil [1]:

> **Beispiel: Bustouren zur Ideenfindung**
> Die Initiative StartupBus veranstaltet jährlich dreitägige Bustouren (z. B. in Nordamerika, Europa und Afrika). Das Credo: Reisen ist inspirierend. Junge Unternehmer aus der ganzen Welt können sich für eine Teilnahme bewerben. Der Bus ist ausgestattet mit einer Stromversorgung sowie einer Highspeed-Internetverbindung und wird als „unternehmerisches Ökosystem" beschrieben, in dem sich kleine Teams im Bus zusammenfinden, um neue Geschäftsideen zu entwickeln. Das Ganze ist ein Wettbewerb, und nach drei Tagen Busfahrt wird am Ziel ein Pitch zur Prämierung der besten Idee durchgeführt. Unter den Sponsoren der Initiative sind einige namhafte Venture-Capital-Gesellschaften.

In Kap. 7 werden in Bezug auf den Durchführungsort eines Corporate Think Tanks **drei Aspekte** beleuchtet:

- Die Bedeutung eines abgeschotteten **„Tanks"**, um zu gewährleisten, dass störungsfrei und konzentriert gearbeitet werden kann (Abschn. 7.1).

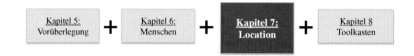

Abb. 7.1 Faktor „Location" im Rahmen der Vorbereitung eines Corporate Think Tanks

- Die Relevanz von bedarfsgerechten sowie flexibel nutzbaren **Raumkonzepten,** um zu betonen, dass diese in besonderem Maße der Vorgehensweise bei Denkfabriken entsprechen Abschn. 7.2).
- Der Nutzen einer inspirierenden **Umgebung,** um zu verdeutlichen, wie diese eine Auswirkung auf Motivation und Kreativität der Think-Tank-Teilnehmer haben kann (Abschn. 7.3).

7.1 Den „Tank" wörtlich nehmen: Störungsfreies Arbeiten als höchste Priorität

In seiner ursprünglichen Bedeutung wurde mit „Tank" ein abhörsicherer Raum bezeichnet (siehe Kap. 2). Bei den meisten Denkfabriken steht heute dagegen die Sicherstellung eines störungsfreien Arbeitens im Vordergrund. In regulären Besprechungsräumen von Unternehmen kann dies bei der Durchführung von Think-Tank-Workshops nicht gewährleistet werden. Zu groß ist dort die Versuchung, zwischendrin oder sogar während der laufenden Arbeit in der Denkfabrik mit den Kollegen zu kommunizieren und nebenher noch das operative Tagesgeschäft abzuwickeln. Ich habe schon häufig Führungskräfte erlebt, die z. B. bei Eintages-Think-Tanks immer wieder in wichtiger Angelegenheit herausgerufen wurden. So ein Verhalten stört massiv den Ablauf einer Veranstaltung. Als Moderator kann man im Vorfeld lediglich Regeln vorschlagen (z. B. keine Nutzung von Mobiltelefonen), die auf ein störungsfreies Arbeiten hinwirken. Ob diese beherzigt werden, liegt im Ermessen des Auftraggebers bzw. der Teilnehmer. Letztlich geht es darum, konzentriert und ohne Unterbrechungen zielorientiert das Thema eines Think Tanks zu bearbeiten. Aus meiner Erfahrung heraus lässt sich dies besser an einem externen Ort realisieren als in einem firmeneigenen Besprechungsraum.

> **Beispiele für „störungsfreie" Think Tanks**
> 1. Vor einiger Zeit moderierte ich einen Think Tank im ländlich gelegenen Schulungszentrum eines namhaften Energieversorgers. Die Besonderheit war, dass es Handyempfang ausschließlich auf einem etwa 200 m vom Schulungszentrum entfernt gelegenen Hügel gab. Ein Segen für das störungsfreie Arbeiten in der Denkfabrik.
> 2. Im skandinavischen Raum ist es durchaus üblich, Workshops und Foren wie Think Tanks auf großen Fährschiffen durchzuführen. Die Schiffe verfügen über voll

ausgestattete Konferenztrakte und – zumindest für die Zeit auf See – ist man weitestgehend von der Außenwelt abgeschottet und kann konzentriert und störungsfrei arbeiten. Die schwimmenden Tagungshotels verkehren z. B. zwischen den Ostseestädten Kiel und Oslo, Kopenhagen und Oslo sowie zwischen Stockholm und Helsinki.
3. In Abschn. 4.1.8 wurde das Clay Street Project von Procter & Gamble vorgestellt. Quintessenz der dortigen Vorgehensweise ist, abgeschottet vom Tagesgeschäft in einem speziellen Loft zu arbeiten, mit Mitarbeitern, die für eine Projektdauer von bis zu zehn Wochen von ihren sonstigen Aufgaben freigestellt sind.

> **Kernaussagen – Location: Raumkonzepte für kreative Höchstleistung**
> Störungsfreies Arbeiten ist eine zentrale Voraussetzung für ein zielorientiertes Vorgehen. Für Think-Tank-Workshops sind Besprechungsräume in Unternehmen ungeeignet, da es einzelnen Teilnehmern häufig nicht gelingt, sich für die Dauer einer Denkfabrik aus dem laufenden Tagesgeschäft herauszuhalten. Aus diesem Grund ist es empfehlenswert, einen Corporate Think Tank an einem externen Ort durchzuführen.

7.2 Bedarfsgerechte Raumkonzepte nutzen: Ausstattung und Flexibilität als Grundvoraussetzung

Bezüglich der Ausstattung der Räumlichkeiten für einen Corporate Think Tank sind zunächst sehr pragmatische Überlegungen von Bedeutung. So sollte genügend Platz für die Teilnehmer zur Verfügung stehen und die erforderliche Ausstattung (z. B. Technik, Flipcharts) vorhanden sein. Da die Arbeitsweise in Corporate Think Tanks dynamisch verläuft, sind solche Räume besonders geeignet, die Flexibilität ermöglichen: Stehtische, separate Tischarbeitsplätze, großflächige Visualisierungsmöglichkeiten sowie separate Räume für die Arbeit in kleineren Gruppen.

> **Beispiel: Kreativsessions in kargen Räumen**
> An der kalifornischen Stanford University wird die d.school betrieben (das kleine „d" steht für Design). Studenten lernen dort sehr praxisorientiert die Methode Design Thinking näher kennen. Die Räumlichkeiten der d.school wirken auf den ersten Blick nicht inspirierend. Im Gegenteil: Man findet eher karge und leere Räume vor. Der Fokus liegt dort auf den Arbeitsmaterialien, der Ausstattung und der Flexibilität. So gibt es jede Menge Whiteboards und Stehtische auf Rollen, die je nach Bedarf in Position gebracht werden können. Gemäß der Philosophie der d.school werden Kreativsessions im Stehen durchgeführt. Es wird davon ausgegangen, dass man sitzend schneller (geistig) ermüdet. Allenfalls stehen Barhocker zur Verfügung, auf denen man sitzend trotzdem noch dem stehenden Kollegen sozusagen auf Augenhöhe begegnet.

Den Teilnehmern einer Denkfabrik ist längeres Stehen nicht zuzumuten. Als ein Element eines abwechslungsreich gestalteten Tages kann es aber durchaus kreativitätsfördernd sein, den bequemen Sitzplatz zwischendrin zu verlassen. Insofern existieren in Denkfabriken oft unterschiedliche Arbeitsstationen (Plenum, Kleingruppenräume, stehend, sitzend), die mit einem entsprechend großen Platzbedarf einhergehen.

> **Kernaussagen – Bedarfsgerechte Raumkonzepte: Ausstattung und Flexibilität als Grundvoraussetzung**
> Bei der Auswahl von geeigneten Räumlichkeiten sollten zunächst pragmatische Überlegungen im Fokus stehen: Die Raumgröße sollte großzügig bemessen sein, die Ausstattung (Technik, Whiteboards, Flipcharts etc.) passen, flexibles Arbeiten möglich sein sowie kleinere Gruppenarbeitsräume zur Verfügung stehen.

7.3 Kreativität entfachen: Inspirierende Spielplätze für Erwachsene

In meinen Kreativitätsseminaren habe ich schon häufiger mit Teilnehmern als Übung für bestimmte Ideation-Tools einen Kreativraum konzipiert. Die Ideen für einen solchen Raum lassen sich durchweg mit der Überschrift „außergewöhnlich" versehen. Angefangen von der Farbgestaltung, den Sitzmöglichkeiten über Pflanzen bis hin zu Elementen wie Wasser (z. B. als Springbrunnen) und Feuer (z. B. als Kamin) reichen gewöhnlich die Vorschläge. Kritisch anzumerken ist, dass – ähnlich wie bei Wohnungseinrichtungen – der Geschmack bezüglich solcher Ausstattungselemente unterschiedlich ist.

Im Rahmen der Durchführung von Corporate Think Tanks in der Praxis habe ich oft erlebt, dass außergewöhnliche Locations einen „Wow-Effekt" bei den Teilnehmern erzeugen, der zu einer erhöhten Motivation führen kann. Unumstritten ist in diesem Zusammenhang, dass Architekturelemente wie z. B. interessante Bauwerke, außergewöhnliches Design, natürliches Tageslicht und großzügige Freiflächen die Motivation und Stimmung von Menschen positiv beeinflussen können.

Bezüglich der Farbgestaltung liefern die Farbpsychologie sowie die Neurowissenschaften Hinweise für ein kreativitätsförderndes Umfeld [2, 3]:

- Mit der Farbe **Blau** wird der Himmel, der Horizont oder das Meer in Verbindung gebracht. Sie steht für Sehnsucht, wirkt beruhigend und fördert kreatives Denken.
- Die Farbe **Rot** steht für Macht, Stärke und Energie. Als Signalfarbe weckt sie Aufmerksamkeit und wird verbunden mit Vitalität und Ehrgeiz.
- **Gelb** symbolisiert Licht und Sonne. Die Farbe kann einen freien Kopf bewirken und fokussiertes Denken fördern. Gelb scheint für Prozesse der Entscheidungsfindung geeignet zu sein.

7.3 Kreativität entfachen: Inspirierende Spielplätze für Erwachsene

- **Orange,** als Mischung von Rot und Gelb, gilt als warme Farbe. Sie vermag Emotionen abzukühlen, Selbstbewusstsein zu erhöhen sowie Enthusiasmus zu erzeugen.
- Mit **Grün** wird Natürlichkeit, Leben und Gesundheit assoziiert. Die Farbe wirkt beruhigend.

Einige Seminarhotels versuchen in ihren Konferenztrakten, diese Erkenntnisse in Form von inspirierender Raumgestaltung umzusetzen. Besonders interessant ist in diesem Kontext das Projekt „VirtualSky" vom Fraunhofer-Institut für Arbeitswirtschaft und Organisation IAO in Stuttgart [4]. Die Wissenschaftler haben eine LED-Lichtdecke entwickelt, die eine individuelle Farbgestaltung zulässt. So kann zum Beispiel ein blauer Himmel mit vorbeiziehenden Wolken oder ein Sonnenaufgang simuliert werden.

Weitere wissenschaftliche Untersuchungen ergaben folgende Erkenntnisse:

- Hohe Decken sind förderlich für das konzeptionelle Denken [5]. Niedrige Decken sind eher geeignet für fokussierte Aufgaben [5].
- Eine natürliche Umgebung mit Pflanzen und nutzbaren Außenbereichen fördert die Leistungsfähigkeit [5].
- Forscher der Universität Illinois haben herausgefunden, dass leichte Hintergrundgeräusche mit ca. 70 dB kreativitätsfördernd sind [6]. Dies ist in etwa die Lautstärke, die man in einem Café wahrnimmt. Inspiriert durch diese Forschungsergebnisse kann man sich bei Bedarf mithilfe der Sound-App „Coffitivity" künstlich an einer solchen Geräuschkulisse erfreuen.
- Fokuspunkte, wie der Panoramaausblick aus einem Fenster oder ein schönes Bild, dienen der Entspannung zwischendurch.
- Tisch- oder Stuhlreihen hemmen Kommunikationsverhalten und Kreativität.
- Physische Objekte wie Lego, Holz, Bälle sowie Pausenaktivitäten wie Tischfußball oder Billard können inspirierend wirken [7].

Im Zuge der Suche nach einer geeigneten Räumlichkeit sollten die genannten Aspekte Berücksichtigung finden, um einerseits eine positive Wirkung auf die Teilnehmer zu entfachen und andererseits mit einem außergewöhnlichen Durchführungsort den besonderen Stellenwert eines Think-Tank-Projektes zum Ausdruck zu bringen.

> **Kernaussagen – Kreativität entfachen: Inspirierende Spielplätze für Erwachsene**
> Außergewöhnliche Locations (z. B. architektonisch interessante Gebäude, natürliche Umgebung, spezielle Farbgestaltung) können sich positiv auf Leistungsvermögen, Motivation und Kreativität auswirken. Aus diesem Grund sollte bei der Planung einer Denkfabrik besonderes Augenmerk auf die Wahl eines inspirierenden Durchführungsortes gelegt werden.

Literatur

1. Internetpräsenz von StartupBus. (2014). http://startupbus.com. Zugegriffen: 31. Jan. 2014.
2. Kwallek, N., Soon, K., & Lewis, C. M. (2006). Work week productivity, visual complexity, and individual environmental sensitivity in three offices of different color interiors. Color Research and Application, S. 130–143. zitiert nach: vgl. Internetpräsenz der Firma HOK: „Workplace Strategies that Enhance Performance, Health and Wellness". http://www.hok.com/thought-leadership/workplace-strategies-that-enhance-human-performance-health-and-wellness/. Zugegriffen: 30. Jan. 2014.
3. Urban, T., & Wolf, M. (2011). Die Auswirkung von Farben auf die Produktassoziation. Mensch, Technik, Organisation – Vernetzung in Produktenstehungs- und -herstellungsprozess, Tagungsband zum 57. *Kongress der Gesellschaft für Arbeitswissenschaft* (S. 231–234). Chemnitz: TU Chemnitz.
4. Fraunhofer-Institut für Arbeitswirtschaft und Organisation IAO (Hrsg.). (2012). Factsheet „VirtualSky". http://www.iao.fraunhofer.de/lang-de/images/produktblaetter/factsheet-virtualsky.pdf Zugegriffen: 24. März. 2014.
5. Entis, L. The science of office design. Entrepreneur. (2014). http://www.entrepreneur.com/article/231035. Zugegriffen: 31. Jan. 2014.
6. O'Connor, A. (21. Juni 2013). How the hum of a coffee shop can boost creativity. New York Times Blog. http://well.blogs.nytimes.com/2013/06/21/how-the-hum-of-a-coffee-shop-can-boostcreativity/?_php=true&_type=blogs&_r=0. Zugegriffen: 31. Jan. 2014.
7. Sloane, P. (2. Oktober 2010). Office a Fun Place to Work. Yahoo Contributor Network. http://voices.yahoo.com/if-want-creativity-office-6714236.html?cat=3. Zugegriffen: 31. Jan. 2014.

8 Der Toolkasten: Hilfsmittel und Techniken für die Arbeit im Think Tank

Zu den vorbereitenden Aktivitäten für einen Think Tank gehört auch, unterstützende Methoden auszuwählen. Insbesondere der Moderator muss sich mit dieser Aufgabe auseinandersetzen. In Abb. 8.1 ist die Einbindung eines Toolkastens in die Vorbereitungsphase dargestellt.

Einerseits können Methoden die Themenbearbeitung einer Denkfabrik strukturieren und die Teilnehmer dabei unterstützen, zielorientiert vorzugehen. Andererseits können sie eine kreativitätsfördernde und inspirierende Wirkung entfachen, etwa dadurch, dass provozierende Fragen gestellt oder neue Perspektiven bei der Bearbeitung einer Problemstellung gezielt zur Sprache gebracht werden.

Die Eignung einzelner Methoden für eine Denkfabrik ist abhängig von der Brachenzugehörigkeit, der Themenstellung sowie vom Teilnehmerkreis. Der Schwerpunkt im folgenden Kapitel liegt auf ausgewählten bewährten und auch neueren Tools, die in moderierten Gruppen zur Anwendung kommen können. Abb. 8.2 zeigt eine Übersicht der Methoden.

Darüber hinaus existiert eine Vielzahl weiterer und auch ständig neuer Methoden, die – je nach Thema – in einem Corporate Think Tank angewendet werden können. Während bei strategischen Problemstellungen beispielsweise gängige Tools wie die SWOT-Analyse sowie Konkurrenz- oder Portfolioanalysen zum Einsatz kommen, werden bei der Identifikation von Wachstumschancen und neuen Geschäftsfeldern Chancenmatrizen verwendet oder ein Growth Risk Assessment durchgeführt. Für das Thema Innovation stehen mittlerweile dutzende Methoden zur Verfügung, wie z. B. Quality Function Deployment oder die Lead-User-Methode. Diese in der Praxis weit verbreiteten Instrumente sind genauso wenig Gegenstand des nachfolgenden Kapitels wie branchenspezifische Tools (z. B. TRIZ im technisch-wissenschaftlichen Bereich oder Scrum in der Softwareentwicklung).

Abb. 8.1 Faktor „Toolkasten" im Rahmen der Vorbereitung eines Corporate Think Tanks

Methode	Ausrichtung	Nutzen
ThinkX	Prozess-begleitend	Prozessrahmen für ein strukturiertes Vorgehen in einem Corporate Think Tank
Future Trend Intelligence	Analytisch	Dient der Ableitung von Suchfeldern als Orientierung für nachfolgende Arbeitsphasen (z. B. für die Identifikation von Wachstumsfeldern, Strategiefindung oder Ideengenerierung)
Szenariotechnik	Analytisch	Erarbeitung von „multiplen Zukunftsszenarien" als Input für gestaltende Think Tanks oder für die Entscheidungsfindung bezüglich einer strategischen Ausrichtung
Advanced Brainstorming Techniken	Gestaltend	Stimulierung von Kreativität in Gruppen
Design Thinking	Prozess-übergreifend	Strukturierender Prozess zur anwenderzentrierten Entwicklung von Problemlösungen aller Art, mit einem Set an hilfreichen Tools
LEGO® SERIOUS PLAY®	Prozess-übergreifend	Tiefgehende qualitative Analysen, konstruktive Kommunikation sowie Kreativität durch den Bau von Lego Modellen für ein sehr breites Themenspektrum
Business Model Canvas	Prozess-übergreifend	Visualisierung von Geschäftsmodellen zu Analysezwecken sowie anschließendes Re- und Neu-Design

Abb. 8.2 Übersicht der Methoden

8.1 Phasenmodell einsetzen: ThinkX – Productive Thinking Model

ThinkX (auch Productive Thinking Model genannt) ist ein sechsstufiges Phasenmodell für das Lösen von Problemen bzw. für das Identifizieren von Chancen. Es eignet sich besonders gut als systematischer Prozessrahmen in einer Denkfabrik. Abb. 8.3 stellt eine Übersicht dazu dar.

Das Tool wurde von dem kanadischen Autor und Vortragsreferenten Tim Hurson auf der Basis von Forschungen und Erkenntnissen der amerikanischen „Creative Education Foundation" sowie der Weltraumbehörde NASA entwickelt [1]. Abb. 8.4 illustriert die Vorgehensweise [1].

8.1 Phasenmodell einsetzen: ThinkX – Productive Thinking Model

Methode	Ausrichtung	Nutzen
ThinkX	Prozessbegleitend	Prozessrahmen für ein strukturiertes Vorgehen in einem Corporate Think Tank

Abb. 8.3 Übersicht zu ThinkX

Phase 1	Kontext: „Was ist passiert?"
Phase 2	Erfolg: „Was sind die Kriterien für den Erfolg?"
Phase 3	Katalyse: „Wie lautet die Ausgangsfrage?"
Phase 4	Alternativen: „Ideen generieren/Antworten finden"
Phase 5	Konkretisierung: „Lösungsansätze präzisieren"
Phase 6	Startrampe (Launchpad): „Umsetzung planen"

Abb. 8.4 ThinkX – Die Phasen im Überblick

In jeder Phase werden spezifische Fragestellungen thematisiert [2]:

In **Phase 1** steht die Situationsanalyse im Vordergrund. Dabei wird versucht, eine Problemstellung in ihrer gesamten Bandbreite zu erfassen. Analysiert wird der Kern eines Problems oder Themas sowie dessen Ursache und Auswirkungen in einem systemischen Kontext. Zudem werden die Stakeholder identifiziert, die von einer Problemstellung betroffen sind. Letztlich gehören alle verfügbaren Informationen auf den Tisch, die für die Themenbearbeitung Relevanz haben könnten. Analysetools wie z. B. Future Trend Intelligence (siehe Abschn. 8.2) oder die Szenariotechnik (siehe Abschn. 8.3) können in dieser Phase ergänzend zum Einsatz kommen.

In **Phase 2** wird eine Liste erfolgsrelevanter Kriterien erarbeitet. Hierzu stehen die Fragen im Mittelpunkt, was eine Problemlösung leisten sollte und was nicht, welche Ressourcen zur Verfügung stehen und welche grundlegenden Werte berücksichtigt werden sollten.

Erst in **Phase 3** wird die Ausgangsfrage für die nachfolgende Ideengenerierung formuliert. Dies ist eine schwierige Aufgabe, da die Themenstellung präzise formuliert und auf den Punkt gebracht werden muss. Es müssen darin die wesentlichen Facetten der Problemstellung enthalten sein, d. h. die Quintessenz der Phasen 1 und 2. Da Fragen eine aktivierende Wirkung auf die Teilnehmer einer Denkfabrik zugeschrieben wird, sind sie Aussagesätzen oder Thesen vorzuziehen.

In **Phase 4** werden Lösungen gesucht. Um die Kreativität der Teilnehmer zu stimulieren, können Advanced-Brainstorming-Techniken wie z. B. Destroy Your Business oder SCAMPER (siehe Abschn. 8.4) zum Einsatz kommen. Im Einklang mit den Erkenntnissen aus der Kreativitätsforschung (siehe Abschn. 6.1) steht hierbei zunächst Quantität im

Vordergrund. Gesucht wird nach einer Vielzahl von Ideen und Ansätzen zur Lösung der Problemstellung. Daran anschließend werden unter Berücksichtigung der Erfolgskriterien aus Phase 2 die generierten Ideen bewertet. Für die Ideenauswahl stehen unterstützende Methoden wie z. B. die Nutzwertanalyse (siehe Abschn. 10.1) zur Verfügung.

Phase 5 steht ganz im Zeichen einer Konkretisierung von einer oder mehreren zuvor ausgewählten Alternativen. Neben Vor- und Nachteilen werden auch Möglichkeiten gesucht, um eine Idee weiter zu verbessern und zu ergänzen. Einige Tools und Best-Practice-Beispiele hierzu werden in Abschn. 10.2. vorgestellt. Anschließend kann ein Konzept erarbeitet und die Idee z. B. mittels eines Prototyps visualisiert werden.

In **Phase 6** geht es schließlich um die Umsetzungsplanung (siehe Abschn. 10.4.). Hierzu gehören To-do-Listen einschließlich der Benennung von Verantwortlichen sowie Projektpläne mit Zeitangaben und Meilensteinen.

Der große Vorteil von ThinkX ist für die Praxis in der einfachen Anwendung zu sehen. Die sechs Phasen eigenen sich für die Bearbeitung von vielen Themen in einem Corporate Think Tank. Kontrovers wird gelegentlich diskutiert, ob die Erarbeitung erfolgsrelevanter Kriterien in Phase 2 nicht dazu führt, dass die Ideengenerierung in Phase 4 zu stark darauf kanalisiert wird und damit die Kreativität hemmt. Dieser Einwand ist berechtigt und sollte dazu führen, genau zu überdenken, auf welche Art und Weise die Erfolgskriterien in Schritt 2 definiert werden.

Kernaussagen – Grundlegende Charakteristika von ThinkX

ThinkX stellt eine Möglichkeit dar, um ein Projekt systematisch zu bearbeiten. Für viele Themenstellungen einer Denkfabrik ist das Tool als Hilfsmittel für die Ablaufplanung geeignet. Die Merkmale der Methode im Überblick:

- Ideale Gruppengröße: 6–8 Personen
- Zeitbedarf: von einem Tag bis hin zu mehreren Wochen (abhängig von der Projektdauer)
- Voraussetzungen: Moderator oder Projektleiter mit Methodenkenntnis
- Vorgehensweise: Durchlaufen von insgesamt sechs Phasen

    1. Kontext (Situationsanalyse)
    2. Erfolg (Kriterienkatalog)
    3. Katalyse (Ausgangsfrage)
    4. Alternativen (Ideenfindung)
    5. Konkretisierung (Konzepte)
    6. Startrampe (Umsetzung)

- Geeignete Themen: nahezu bei allen Think Tanks einsetzbar
- Kritik: Die Erarbeitung von Erfolgskriterien vor der Ideenfindung kann dazu führen, dass die Kreativität der Teilnehmer beeinträchtigt wird.

Methode	Ausrichtung	Nutzen
Future Trend Intelligence	Analytisch	Dient der Ableitung von Suchfeldern als Orientierung für nachfolgende Arbeitsphasen (z. B. für die Identifikation von Wachstumsfeldern, Strategiefindung oder Ideengenerierung)

Abb. 8.5 Übersicht zu Future Trend Intelligence

8.2 Future Trend Intelligence durchführen: Inspirierende Quellen zur Ableitung von Suchfeldern

Bei analytisch ausgerichteten Think Tanks steht die systematische Sichtung und Verarbeitung von Informationen im Vordergrund. Bei gestaltenden Denkfabriken kann zumindest zu Beginn eine Analysephase vorgeschaltet sein, z. B. um sich mit Trends auseinanderzusetzen. „Future Trend Intelligence" kann dafür eine Hilfestellung darstellen. Darunter wird die systematische Identifikation und Analyse von Trends verstanden. Dies ist zunächst eine **Recherchetätigkeit,** auf deren Erkenntnissen aufbauend die Zukunftsarbeit in einen Corporate Think Tank stattfinden kann. Abb. 8.5 gibt dazu eine Übersicht.

Trends können sich auf die Gesellschaft allgemein oder auf spezifische Branchenentwicklungen beziehen. Kritisch anzumerken ist, dass Trends oft Leitgedanken sind, die sich schon abzeichnen. Daher wird gelegentlich bei ihrer Diskussion der Vorwurf laut, dass es sich um bereits veraltete Themen handelt. Trotzdem sind Unternehmen gut beraten, sich mit relevanten Trends und deren möglicher Weiterentwicklung auseinanderzusetzen. Sie können einen sinnvollen Orientierungsrahmen für die Zukunftsgestaltung einer Organisation darstellen.

Basis einer Recherche können Studien von Trendforschern und einschlägige Quellen im Internet sein. Im Nachfolgenden sind einige englischsprachige Internetportale aufgeführt, die sich mit globalen Trends auseinandersetzen:

Beispiele für inspirierende Internetquellen für „Future Trend Intelligence" [3]

- wfs.com ist die Webadresse der World Future Society und cifs.dk die des Copenhagen Institute for Futures Studies. Beide Organisationen beschäftigen sich mit den Herausforderungen der Zukunft sowie globalen Trends.
- trendwatching.com zählt zu einer der weltweit führenden Trendagenturen und veröffentlicht zahlreiche Studien zu globalen Trends.
- trendhunter.com ist nach eigenen Angaben das größte und erfolgreichste Internetportal für Trends.
- springwise.com sammelt weltweit neue Businessideen, Konzepte, Produkt- und Serviceinnovationen und veröffentlicht diese.

- coolbusinessideas.com ist ein Blog mit Berichten zu spannenden Geschäftsideen aus der ganzen Welt.
- moreinspiration.com stellt auf seiner Internetpräsenz Produkt- und Technologieinnovationen aus den unterschiedlichsten Branchen vor.
- coolhunting.com ist eine Fundgrube für außergewöhnliche Innovationen und inspirierende Projekte.
- mashable.com gilt als weltweit größtes Nachrichtenportal rund um digitale Kultur, soziale Medien und Technologie.
- singularityhub.com ist der Kommunikationskanal der Singularity University und informiert über technologische Zukunftstrends.

Im deutschsprachigen Raum sind Trendone und das Trendbüro in Hamburg, das Zukunftsinstitut von Matthias Horx, die FutureManagementGroup oder das Schweizer Gottlieb Duttweiler Institut Anlaufstellen für Studien oder inspirierende Veranstaltungen.

Darüber hinaus existieren eine ganze Reihe von Internetplattformen mit kostenfreien Vorträgen, u. a. zu aktuellen Wirtschaftsthemen, Zukunftsmärkten und Trends.

Beispiele für Internetportale mit Vorträgen [4]

- ecorner.stanford.edu – über 2000 Videos und Podcasts der renommierten Stanford University
- leadersin.com – Vorträge von Bestsellerautoren und Managementgurus
- ted.com – maximal 18-minütige Vorträge zu den unterschiedlichsten Themen, viele davon mit deutschen Untertiteln
- youtube.com/user/AtGoogleTalks – ein YouTube-Kanal
- igniteshow.com – fünfminütige Vorträge unter dem Motto „enlighten us, but make it quick"
- vimeo.com – eine umfassende Videoplattform mit Vorträgen
- 99u.com/videos – Vorträge rund um die Themen Inspiration und Kreativität
- keynotes.org – eine kuratierte Sammlung von Vorträgen aus unterschiedlichen Quellen

Eine weitere Möglichkeit, Erkenntnisse für Future Trend Intelligence abzuleiten, stellt die systematische Analyse der Kommunikation in Sozialen Medien dar. Ein Beispiel: 2013 initiierte der Softwarekonzern SAP den Onlineauftritt „World of Innovation" [5]. Hierbei wurde weltweit die Kommunikation zum Themenkomplex Innovation auf Social-Media-Plattformen gescannt [6]. Die Ergebnisse wurden in sieben Cluster zusammengefasst: Business, Kultur, Lifestyle, Handel, Wissenschaft, Sport und Technologie [6]. Der Nutzen einer solchen Vorgehensweise besteht darin, zu erfahren, wo auf der Welt über welche Themen gesprochen wird. Diese Information kann ein Indiz für die Stärke eines Trends sein.

Der Erfassung und der Analyse von Trends und Zukunftsfaktoren kommen in Corporate Think Tanks insofern eine große Bedeutung zu, als dass sie in der Formulierung von sogenannten Suchfeldern münden. Diese stellen die Überschriften dar, unter denen die Teilnehmer einer Denkfabrik nach neuen Ideen suchen.

> **Beispiel für die Identifikation von Trends zur Ableitung von Suchfeldern**
> Seit einiger Zeit haben Trendforscher Gamification als ein Zukunftsthema identifiziert. Darunter versteht man Folgendes: Elemente aus Spielen (z. B. Rangfolge, Erfolgsskalen, Status, Punkte) werden in einem nicht-spielerischen Kontext eingesetzt. So haben Autohersteller beispielsweise eine Displayanzeige entwickelt, die bei einem besonders umweltfreundlichen Fahrstil durch ein bestimmtes Farbsignal den Erfolg vermeldet. Das Fuelband von Nike stellt ein weiteres Beispiel dar. Eine Art Armreif misst in einer eigens kreierten Maßeinheit die Intensität sämtlicher Aktivitäten einschließlich sportlicher Betätigungen. Über eine App hat der Nutzer Zugriff auf die gespeicherten Daten und kann auf diese Weise tagesaktuell den persönlichen Erfolg abrufen. Die Zielsetzung von Gamification besteht dabei darin, den Spaß für den Anwender und damit seine Motivation zu erhöhen. In einer Denkfabrik könnte Gamification ein Suchfeld darstellen, um unter diesem Schlagwort neue Ideen oder Produktinnovationen zu generieren. Weitere Themen für Suchfelder könnten zum Beispiel die Digitalisierung, Augmented Reality oder der Demografische Wandel sein.

Die Zusammenhänge von Trendanalyse, Ableitung von Suchfeldern und Ideenfindung sind in nachfolgender Abb. 8.6 dargestellt.

Die Identifikation und Analyse von Trends ist Gegenstand einer Recherchetätigkeit. Durch ein Vorbereitungsteam oder in der Denkfabrik selbst erfolgt die Verdichtung und Priorisierung von Trends zu Suchfeldern. Im dargestellten Beispiel von Gamification stellt ein einziger Trend zugleich ein Suchfeld dar. Die Suchfelder bilden anschließend den thematischen Rahmen für die Phase der Ideengenerierung.

Future Trend Intelligence kann gut in die Phasen von ThinkX (siehe Abschn. 8.1) integriert werden. Die Identifikation und Analyse von Trends ist der Phase 1 (Situationsanalyse) zuzuordnen, während die Ableitung von Suchfeldern in Phase 3 (Formulierung der Ausgangsfrage) erfolgt.

Aus meiner Erfahrung heraus ist die Ableitung von Suchfeldern für die Ideenfindung in gestaltenden Think Tanks für ein zielgerichtetes Vorgehen äußerst bedeutend. Trends sind dabei eine Möglichkeit, Themenstellungen abzuleiten. Optional können andere Aspekte, wie z. B. Erkenntnisse aus Kundenbeobachtungen, etwaige Unternehmensschwächen oder technische Entwicklungen, für die Formulierung von Suchfeldern herangezogen werden.

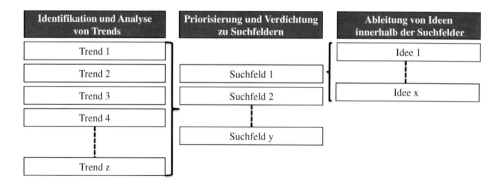

Abb. 8.6 Trendanalyse – Suchfelder – Ideation

> **Kernaussagen – Grundlegende Charakteristika von Future Trend Intelligence**
> Bei der Beschäftigung mit zukunftsgerichteten Themen liefert die Identifikation, Analyse und Bewertung von Trends wichtige Erkenntnisse. Sie können zu Suchfeldern verdichtet werden, innerhalb derer in einem Corporate Think Tank nach neuen Ideen oder Konzepten gesucht wird. Die Merkmale der Methode im Überblick:
>
> - Ideale Gruppengröße: 6–8 Personen
> - Zeitbedarf: mehrere Tage für die Recherchephase; ca. 3–5 h für die Ableitung von Suchfeldern in einem Think-Tank-Workshop
> - Voraussetzungen: Moderator; gut aufbereitete Rechercheergebnisse; Flipcharts etc.
> - Vorgehensweise:
>   - Systematische Recherche von relevanten Trends
>   - Verdichtung und Priorisierung der Trends
>   - Ableitung von Suchfeldern
> - Geeignete Themen: Als Input geeignet bei Themen wie z. B. Strategie oder Innovation
> - Kritik: Trends basieren auf Beobachtungen und sind in ihrem Verlauf und ihrer Stärke nur schwer messbar. Insofern besteht die Gefahr, auf der Basis einer unzureichenden quantitativen Absicherung strategische Entscheidungen abzuleiten.

8.3 Rollierende Planung für multiple Zukünfte anwenden: Szenariotechnik

Die Szenariotechnik ist bei der Bearbeitung von analytischen Think-Tank-Themen von Nutzen. Untersuchungsgegenstand kann beispielsweise ein Unternehmen, Geschäftsbereich, Wachstumsfeld, Trend oder eine Technologie sein. Abb. 8.7 stellt eine Übersicht zur Szenariotechnik dar.

8.3 Rollierende Planung für multiple Zukünfte anwenden: Szenariotechnik

Methode	Ausrichtung	Nutzen
Szenariotechnik	Analytisch	Erarbeitung von „multiplen Zukunftsszenarien" als Input für gestaltende Think Tanks oder für die Entscheidungsfindung bezüglich einer strategischen Ausrichtung

Abb. 8.7 Übersicht zur Szenariotechnik

Da es wenig sinnvoll ist, eine Entwicklung aus der Vergangenheit linear in die Zukunft fortzuführen, werden mit der Szenarioanalyse multiple Zukunftsszenarien entwickelt. Als Darstellung wird meist ein Trichter verwendet. Die Grundidee besteht darin, dass sich die Zukunft eines Untersuchungsgegenstandes irgendwo innerhalb dieser Trichterbetrachtung wiederfinden wird. Aus diesem Grund werden häufig positive und negative Extremszenarien (an den Rändern des Trichters) sowie ein wahrscheinliches Trendszenario abgeleitet. Abb. 8.8 illustriert eine solche Trichterdarstellung.

Zu Beginn wird neben einer Betrachtung der Ausgangssituation eine systemische Analyse zur Bestimmung der maßgeblichen **Stakeholder** durchgeführt. Dabei wird untersucht, wer konkret den Entwicklungsverlauf beeinflussen könnte, z. B. Konkurrenten, Medien oder Politik. Die Qualität der Erkenntnisse einer Szenariotechnik hängt wesentlich von der Identifikation der **Einflussfaktoren** ab. Dazu zählen Gegebenheiten oder Ereignisse, die im Betrachtungszeitraum eine Auswirkung auf den Untersuchungsgegenstand haben können.

> **Beispiel für die Anwendung einer Szenariotechnik bei einem Autohersteller**
> Ein Autohersteller beschäftigt sich mit dem Thema „Zukunft der Elektromobilität in Deutschland". In einem analytischen Think Tank wird hierzu ein Tag lang eine detaillierte Szenariotechnik mit einem Betrachtungshorizont von zehn Jahren durchgeführt. In einem ersten Arbeitsschritt steht eine systemische Darstellung im Mittelpunkt, in der sämtliche Akteure bzw. Stakeholder aufgelistet werden, die einen Einfluss auf die zukünftige Entwicklung haben könnten, z. B. Politiker, Automobilhersteller, Start-up-Firmen, Interessenverbände wie der ADAC oder Menschen mit Mobilitätsbedürfnis. Im Anschluss werden Einflussfaktoren identifiziert, beispielsweise: Benzinpreisentwicklung, Reichweite, Ladezeiten, Infrastruktur, Entwicklung alternativer Antriebstechnologien, aber auch allgemeine Rahmenbedingungen wie z. B. die Entwicklung des verfügbaren Haushaltsnettoeinkommens oder die Verkehrsdichte.

Im Anschluss werden zu jedem identifizierten Einflussfaktor drei (oder mehr) Szenarien abgeleitet. Abb. 8.9 verdeutlicht dieses Vorgehen.

Nicht immer fällt es leicht, bei einem Einflussfaktor positive oder negative Entwicklungen zu bestimmen. Es stellt sich immer die Frage, aus wessen Perspektive eine Entwicklung positiv oder negativ zu sehen ist. Dieser Punkt kann zu kontroversen Diskussionen führen. Darüber hinaus werden Abhängigkeiten zwischen den

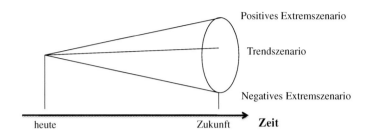

Abb. 8.8 Szenarien in einer Trichterdarstellung

Einflussfaktoren betrachtet. Das Gesamtszenario ergibt sich aus der Summer der Szenarien: Beispielsweise ergeben sämtliche positive Extremszenarien eines jeden Einflussfaktors in der Summe das ganzheitliche positive Zukunftsbild. In der Regel werden die drei skizzierten Zukunftsszenarien des Trichters sehr ausführlich beschrieben.

Die Aussagekraft einer Szenarioanalyse kann dadurch erhöht werden, dass Eintrittswahrscheinlichkeiten berücksichtigt werden. Gelegentlich wird auch versucht, mittels einer Wirkungsanalyse mathematisch zu ermittelt, inwieweit sich Einflussfaktoren gegenseitig beeinflussen. Einige Unternehmen nutzen vor diesem Hintergrund Softwaretools, um bei der Durchführung einer Szenarioanalyse komplexe Datensätze zu verarbeiten.

Neben den Einflussfaktoren können **Störfaktoren** bei der Evaluation von Szenarien berücksichtigt werden. Dies sind Ereignisse, die die zukünftige Entwicklung eines Untersuchungsgegenstandes in erheblichem Ausmaß beeinträchtigen könnten, z. B. eine Wirtschaftskrise.

Eine weitere Besonderheit der Szenariotechnik liegt darin begründet, dass sie kein Tool für eine Einmalanwendung darstellt. Die Idee besteht vielmehr darin, eine „rollierende Planung" zu realisieren, d. h. in regelmäßigen Abständen immer wieder neue Erkenntnisse zu berücksichtigen und damit auch die Extremszenarien und das Trendszenario zu überarbeiten.

Der Nutzen der Szenariotechnik besteht darin, dass ein Zukunftsthema sehr breit und systematisch analysiert wird. Die Ergebnisse können als Input für gestaltende Think Tanks genutzt werden oder als Entscheidungsvorbereitung dienen, z. B. beim Abwägen, ob in einen bestimmten Zukunftsmarkt investiert werden soll. Optional können darüber hinaus zu jedem Einfluss- bzw. Störfaktor mögliche Handlungsoptionen erarbeitet werden. Im ThinkX-Prozess (siehe Abschn. 8.1) kann die Szenariotechnik in Phase 1 (Situationsanalyse) zum Einsatz kommen.

Kritisch anzumerken ist, dass auch mittels einer Szenarioanalyse keine hundertprozentige Zukunftsvorhersage möglich ist. Darüber hinaus wird deren Anwendung aufwendiger und komplexer, je genauer die zu verarbeitenden Informationen sind (beispielsweise bezüglich der Einflussfaktoren).

8.3 Rollierende Planung für multiple Zukünfte anwenden: Szenariotechnik

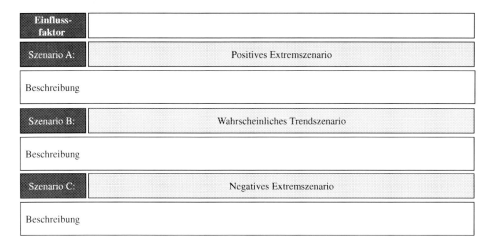

Abb. 8.9 Szenarien bezüglich der Einflussfaktoren

Kernaussagen – Grundlegende Charakteristika der Szenariotechnik

Mit der Szenariotechnik stellt man multiple Zukünfte in einer Trichterbetrachtung dar. Oft werden hierfür positive und negative Extremszenarien sowie ein aus heutiger Sicht wahrscheinliches Trendszenario identifiziert und beschrieben. Die Szenariotechnik ist ein rollierendes Planungsinstrument, d. h. im Zeitverlauf werden neue Erkenntnisse in der Analyse fortlaufend berücksichtigt. Die Merkmale der Methode im Überblick:

- Ideale Gruppengröße: 6–8 Personen
- Zeitbedarf: ca. 1–2 Tage (bei einer erstmaligen Erarbeitung)
- Voraussetzungen: Moderator, Kenntnisse der Methode, fundierte thematische Kenntnisse seitens der Teilnehmer
- Arbeitsschritte:
  1. Analyse der Ausgangssituation sowie Festlegung des Untersuchungsgegenstands
  2. Identifikation der Stakeholder
  3. Identifikation und Analyse der Einflussfaktoren (ggf. ergänzt um Eintrittswahrscheinlichkeiten sowie eine Wirkungsanalyse)
  4. Identifikation und Analyse der Störfaktoren
  5. Ableitung und Beschreibung der Extremszenarien und des Trendszenarios
  6. Ableitung von Handlungsoptionen
- Geeignete Themen: Zukünftige Szenarien für Unternehmen, Märkte, Produkte, Technologien, Trends etc.
- Kritik: Die Szenariotechnik gilt als eine aufwendige Analyse, bei der die Komplexität mit der Anzahl verarbeiteter Informationen steigt. Trotz einer sehr detaillierten Betrachtung von Einflussfaktoren gibt es keine Garantie für eine zutreffende Beschreibung der Zukunftsszenarien.

8.4 Kreativität freisetzen: Techniken des Advanced Brainstorming

Die Forschung geht heute davon aus, dass Kreativität systematisch erzeugt werden kann. Dafür steht eine Vielzahl an Advanced-Brainstorming-Techniken (auch Kreativitätstechniken genannt) zur Verfügung, von denen im Folgenden einige näher beschrieben werden. Sie können insbesondere in Phasen der Ideenfindung (Phase 4 im ThinkX-Prozess – siehe Abschn. 8.1 oder Phase „Ideate" im Design Thinking Prozess – siehe Abschn. 8.5) bei gestaltenden Think Tanks von großem Nutzen sein. Die Mehrzahl dieser Tools zeichnet sich durch eine äußerst dynamische und temporeiche Vorgehensweise aus. Abb. 8.10 stellt eine Übersicht zu Advanced Brainstorming dar.

Von großer Bedeutung im Verlauf einer Ideenfindung ist die strikte Trennung in zwei Arbeitsschritte. Während zunächst ausschließlich Zeit in die Ideengenerierung investiert wird, findet erst im Anschluss daran eine Ideenbewertung statt. Menschen neigen in gewöhnlichen Teamsitzungen dazu, Ideen unmittelbar bewerten bzw. kritisieren zu wollen. Dies gilt es zu vermeiden. Stattdessen sind die Teilnehmer aufgefordert, auf den Ideen der anderen aufzubauen und diese entweder weiterzuentwickeln oder als Inspiration für neue Gedanken zu nutzen.

8.4.1 Klassisches Brainstorming und seine Weiterentwicklung

Die bekannteste und in der Praxis am häufigsten angewendete Kreativtechnik ist das Brainstorming. Sie wurde bereits Ende der 1930er Jahre von dem US-Amerikaner Alex. F. Osborn entwickelt. Die Vorgehensweise und die Regeln wurden in späteren Jahren immer wieder verfeinert. Auf den Punkt gebracht suchen 6–8 Personen in maximal 30 min nach möglichst vielen neuen Ideen, wobei Kritik zu unterlassen ist und auch außergewöhnliche und quergedachte Ideen erwünscht sind.

Nicht alle Kreativitätstrainer können indes die Beliebtheit des Brainstormings nachvollziehen. Einerseits fällt das Einhalten der Grundregeln den meisten Menschen schwer, andererseits vermag das Brainstorming nicht alle Teilnehmer gleichermaßen zu aktivieren. Häufig existieren Gruppen, in denen sich zwei bis drei Teilnehmer aktiv beteiligen, während die restlichen Akteure passiv dem Geschehen folgen. In diesem Kontext gab es bereits in den 1950er Jahren erste Studien mit Versuchsgruppen, in denen sich die Grenzen des Brainstormings offenbarten. Als Erkenntnis konnte die Empfehlung abgeleitet werden, vor Beginn einer Brainstorming-Session die Teilnehmer für ca. 10–15 min individuell ihre Ideen entwickeln zu lassen, z. B. schriftlich (Brainwriting) auf Moderationskarten oder Post-it-Zetteln. Diese Ideen werden im Anschluss von jedem Teilnehmer vorgestellt und beispielsweise auf einer Pinnwand angeheftet. Sie bilden die Grundlage für ein folgendes Brainstorming. Forschungsergebnisse haben gezeigt, dass eine solche Vorgehensweise die Akteure stärker zu aktivieren vermag und die Ergebnisse in Bezug

8.4 Kreativität freisetzen: Techniken des Advanced Brainstorming

Methode	Ausrichtung	Nutzen
Advanced Brainstorming Techniken	Gestaltend	Stimulierung von Kreativität in Gruppen

Abb. 8.10 Übersicht zu Advanced Brainstorming

auf die Gesamtzahl generierter Ideen sowie außergewöhnlicher Gedanken deutlich besser sind als bei einem herkömmlichen Brainstorming [7].

Für Brainstorming-Sessions ist ein Moderator notwendig, der einerseits durch gezielte Fragen oder durch das Zursprachebringen neuer Suchfelder den Ideenfluss am laufen hält und andererseits die Einhaltung der Grundregeln sicherstellt.

In Erweiterung der ursprünglichen Regeln versuchen manche Trainer oder Unternehmen, konstruktive Kritik während eines Brainstormings in Maßen zuzulassen. Der Hintergedanke besteht darin, dass geäußerte Ideen mit einer solchen Vorgehensweise weiterentwickelt und damit optimiert werden können.

> **Beispiel für das Zulassen von konstruktiver Kritik beim Brainstorming [8]**
> Das auf Computeranimation und Trickfilm spezialisierte Unternehmen Pixar hat eine Vorgehensweise namens „Plussing" etabliert. Wann immer ein Teammitglied bei einer Besprechung oder einem Brainstorming die Idee eines anderen kritisiert, ist er verpflichtet, einen konstruktiven Verbesserungsvorschlag (also ein „Plus" für die ursprüngliche Idee) zu unterbreiten. Mithilfe dieser Vorgehensweise wird dem Anspruch Rechnung getragen, konstruktive Kritik gezielt dafür einzusetzen, um einen geäußerten Vorschlag zu verbessern und nicht, wie sonst häufig üblich, im Keim zu ersticken.

> **Kernaussagen – Grundlegende Charakteristika von Brainstorming**
> Das Brainstorming gehört zu den am häufigsten angewendeten Kreativtechniken mit folgenden Merkmalen:
>
> - Ideale Gruppengröße: 6–8 Personen
> - Zeitbedarf: ca. 30 min ausschließlich für Ideenfindung; eine Ideenbewertung bzw. Auswahl erfolgt erst danach (möglicherweise mit anderen Methoden)
> - Voraussetzungen: Moderator und eine disziplinierte Gruppe, die die Grundregeln befolgen.
> - Grundregeln:
>   – Keine Kritik
>   – Fokus auf Quantität: so viele Ideen wie möglich
>   – Außergewöhnliche und quergedachte Ideen sind explizit gewünscht
>   – Teilnehmer bauen auf den Ideen anderer auf und entwickeln diese weiter

> - Geeignete Themen: nahezu immer einsetzbar, wenn neue Ideen benötigt werden
> - Kritik: Brainstorming aktiviert nicht alle Teilnehmer im gleichen Ausmaß zur Mitarbeit. Zudem fällt vielen Menschen die Einhaltung der Regeln schwer.
>
> Der Erfolg eines Brainstormings kann durch eine vorausgehende Individualarbeit erhöht werden. Dabei generiert zunächst jeder Teilnehmer eigenständig Ideen. Diese werden im Plenum vorgestellt und erst im Anschluss daran wird mit einem Brainstorming begonnen.

8.4.2 Reverse Brainstorming

Speziell in unserem Kulturkreis fällt es vielen Menschen scheinbar leichter, zu kritisieren oder zu meckern, statt konstruktiv nach neuen Lösungen zu suchen. Genau dieses Phänomen macht man sich beim Reverse Brainstorming (auch Umkehr- oder Kopfstandtechnik genannt) zunutze. Die grundlegenden Charakteristika bezüglich Teilnehmerzahl und Regeln sind ähnlich wie beim klassischen Brainstorming. Lediglich der Zeitbedarf sollte mit ca. 30–45 min etwas großzügiger kalkuliert sein.

Eine Problemstellung wird bei dieser Technik sozusagen auf den Kopf gestellt bzw. umgekehrt. Es werden zunächst Lösungen gesucht, die genau das Gegenteil von dem bewirken, was man ursprünglich erreichen wollte.

Praxisbeispiel – Teil 1

Die Themenstellung „Wie können wir neue Kunden gewinnen?" wird bei Reverse Brainstorming zunächst in eine umgekehrte Fragestellung geändert, beispielsweise in: „Wie können wir Kunden abschrecken?". Hierzu werden mit den Teilnehmern mittels eines Brainstormings Problemlösungen generiert. Dabei werden folgende Ideen notiert:

- Preise erhöhen
- Kunden über den Tisch ziehen
- Servicehotline abschalten
- Ausschließliche negative Produkteigenschaften in der Werbung herausstellen
- Sollbruchstellen in Produkte einbauen
- Ungepflegte Verkäufer zu den Kunden schicken
- Strikt keine Kulanz gewähren
- etc.

Gewöhnlich lässt sich in sehr kurzer Zeit eine große Anzahl an umgekehrten Ideen auflisten. In der Regel sind die Teilnehmer dabei eher bereit, auch verrückte Gedanken kundzutun. Zudem macht eine solch quergedachte Vorgehensweise den meisten Menschen Spaß und sorgt in der Regel für eine gute Stimmung. Humor kann dabei förderlich sein, um die Motivation zu erhöhen und die Kreativität zu verbessern.

Nach etwa 10–15 min wird die Ideenfindung für die auf den Kopf gestellte Fragestellung beendet. Man kehrt zurück zum ursprünglichen Thema. In der Praxis heißt die nun folgende Phase „Force Fit", was übersetzt „zwanghaftes Zusammenbringen" heißt. Dabei betrachtet man alle zuvor aufgeschriebenen Ideen und lässt sich durch diese inspirieren, z. B. durch Gegenlösungen.

> **Praxisbeispiel – Teil 2**
>
> Für die ursprüngliche Problemstellung „Wie können wir neue Kunden gewinnen"? werden jetzt Ideen gesucht. Aus den zuvor notierten Lösungen wurden folgende Assoziationen abgeleitet:
>
> - Preise erhöhen – **Force Fit** – Bezugnahme zum ursprünglichen Thema, bringt das Team auf folgende Ideen:
>   - *Spezielle Sonderangebote für Auslaufmodelle*
>   - *Sonderaktionen für besonders treue Kunden, die neue Kunden werben*
>   - *Probierpreise für Neukunden*
>   - *Kundenbindungsprogramm mit echten Mehrwertleistungen*
>   - *Premiumpakete mit Rundum-Sorglos-Servicepaket (All Inclusive)*
> - Kunden über den Tisch ziehen – **Force Fit** – Bezugnahme zum ursprünglichen Thema, bringt das Team auf folgende Ideen:
>   - *transparentere und kundenfreundlichere Geschäftsbedingungen*
>   - *großzügigere Kulanzregelungen*
>   - *Serviceversprechen*
>   - *Betreuung in der Nachkaufphase (z. B. Anruf durch Verkäufer)*
> - etc.

Mancher Leser mag ob dieser ungewöhnlichen Vorgehensweise etwas irritiert sein. In der Praxis hat sich allerdings gezeigt, dass gerade durch den Schritt der Umkehrung viel mehr Aspekte, Gedanken und Ideen zutage gefördert werden als bei einer rein konstruktiven Vorgehensweise im Rahmen eines klassischen Brainstormings. Zur Erinnerung: Wir lieben es, zu nörgeln und negative Dinge zur Sprache zu bringen. Und in manch einer negativ genannten Idee steckt ein Stück Wahrheit drin.

> **Kernaussagen – Grundlegende Charakteristika von Reverse Brainstorming**
> Bei der Kreativitätstechnik Reverse Brainstorming nutzt man den Umstand, dass Menschen in hiesigen Kulturkreisen tendenziell mehr destruktive als konstruktive Ideen generieren können. Die Merkmale der Methode im Überblick:
>
> - Ideale Gruppengröße: 6–8 Personen
> - Zeitbedarf: ca. 30–45 min
> - Voraussetzungen: Moderator, Team muss sich auf diese ungewöhnliche Vorgehensweise einlassen, Flipchart.
> - Vorgehensweise:
>   - Das Thema wird umgekehrt/auf den Kopf gestellt.
>   - Ideen werden gesucht und visualisiert (ca. 10–15 min).
>   - Force Fit: Rückkehr zur ursprünglichen Themenstellung – zu jeder gefundenen Idee werden jetzt Gegenlösungen gesucht (ca. 20–30 min).
> - Geeignete Themen: breit einsetzbar, insbesondere dann, wenn nach Verbesserungen gesucht wird.
> - Kritik: Nicht immer bringen Teilnehmer die Bereitschaft mit, sich auf eine solch ungewöhnliche Vorgehensweise einzulassen. Gelegentlich sind, ähnlich wie bei einem klassischen Brainstorming, nicht alle Teilnehmer gleichermaßen zur Mitarbeit aktiviert.

8.4.3 Kreative Zerstörung

In unserer schnelllebigen und komplexen Welt werden wir ständig mit Veränderungen konfrontiert. Häufig neigen wir dazu, darauf mit *neuen* Ideen und Konzepten zu reagieren, ohne allerdings den *alten* Prozessen, Vorgehensweisen und Produkten zu entkommen. In regelmäßigen Abständen ist daher ein kritisches Infragestellen des eigenen Tuns notwendig. Unter dem Oberbegriff „Kreative Zerstörung" werden solche Fragen systematisch in einem Brainstorming zur Sprache gebracht. Im Folgenden finden sich zwei grundlegende Überlegungen und Methoden hierzu.

8.4.3.1 Rule Breaking

Angesprochen auf den besten Ratschlag, den er je bekommen habe, entgegnete der britische Unternehmer Richard Branson in einem Interview: „Regeln sind dazu da, gebrochen zu werden" [9]. In der Kreativitätsszene hat sich in diesem Zusammenhang eine Technik unter dem Namen Rule Breaking (Regeln brechen) etabliert. Themen können hierfür sowohl die schriftlich fixierten als auch ungeschriebenen Regeln und Gesetze einer Abteilung, einer Organisation, eines Produktes oder eines Marktes sein.

Bei der Anwendung von Rule Breaking werden sämtliche Regeln, implizite Verhaltensweisen, Prozessschritte oder auch Produkteigenschaften (im Folgenden zusammengefasst als „Regeln" bezeichnet) aufgelistet. Im Anschluss daran wird alles auf den Prüfstand gestellt. Jeder Aspekt wird unter folgender Fragestellung analysiert:

> Ist es möglich, diese Regel zum Vorteil des Unternehmens zu brechen [10]?

Einige Trainer empfehlen zudem, die betrachteten Regeln farblich zu kategorisieren, beispielsweise nach dem Ampelprinzip:

- rot: Regel kann und darf nicht gebrochen werden
- gelb: Regel könnte gebrochen werden
- grün: Regel sollte und müsste gebrochen werden

Der britische Innovationsberater und Buchautor Paul Sloane berichtet in diesem Kontext, dass in einer Vielzahl seiner Workshops durchschnittlich etwa 40–50 % der identifizierten Regeln zum Vorteil des Unternehmens abgeschafft oder verändert werden können [10].

Regeln brechen kann dazu führen, dass gänzlich neue Geschäftsmodelle entstehen, wie das folgende Praxisbeispiel illustriert.

> **Beispiel: Slate Laundry in New York**
> Reinigungen funktionieren immer nach dem gleichen Schema. Kunden bringen ihre dreckige Wäsche dorthin und erhalten diese tags darauf gewaschen und gebügelt zurück. Bezahlt wird nach festen Preisen je Kleidungsstück. In New York kam ein findiger Unternehmer auf die Idee, diese Branchengesetze infrage zu stellen: Neben einem Abhol- und Lieferservice führte er eine Flatrate ein [11].
>
> Aus meiner Erfahrung heraus ist Rule Breaking eine einfach anzuwendende Methode mit großem Wirkungsvermögen. Workshopteilnehmer sind regelmäßig erstaunt darüber, wie viele der geltenden Regeln nicht (mehr) praktikabel sind. Die Methode leistet einen Beitrag zur Komplexitätsreduktion.

8.4.3.2 Destroy Your Business

Eine noch radikalere Vorgehensweise im Hinblick auf einen Neubeginn liegt der Methode Destroy Your Business zugrunde. Der Managementguru Peter Drucker sagte einmal, dass der größte Fluch für jedes Unternehmen darin bestünde, zwanzig Jahre lang Erfolg gehabt zu haben [12]. Jack Welch, der ehemalige Chef von General Electric, verlangte vor diesem Hintergrund von den Führungskräften aller Business Units, konzeptionell darüber nachzudenken, wie ein aufstrebendes Dotcom-Unternehmen den eigenen Bereich zerstören könnte [12].

Mittlerweile hat sich dieser radikale Ansatz im Methodenrepertoire einiger Trainer und Berater etabliert. Folgende Impulsfragen kommen bei der Anwendung von Destroy Your Business zum Einsatz:

- Wie könnte uns ein neuer finanzstarker Wettbewerber gefährlich werden? Was würde er an unserem Geschäft zuerst attackieren?
- Wie könnte uns ein agiles Start-up-Unternehmen gefährlich werden? Wie könnte dessen Geschäftsmodell aussehen? Welche Produkt-/Serviceangebote würden unsere Kunden zuhauf abwandern lassen?
- Wenn wir noch einmal ganz von vorne anfangen könnten, wie sähe unser Unternehmen dann aus?

Die intensive Beschäftigung mit solchen Extremszenarien fordert das Vorstellungsvermögen und setzt dadurch Kreativität frei. Die abgeleiteten Schlussfolgerungen können von kleineren Verbesserungsvorschlägen bis hin zu Überlegungen für eine strategische Neuausrichtung reichen.

> **Kernaussagen – Grundlegende Charakteristika von Rule Breaking und Destroy Your Business**
> Neue Ideen, Verbesserungen und Innovationen können dadurch zustande kommen, dass man mit bisherigen Regeln, Verhaltensweisen, Prozessen oder Produkteigenschaften bricht. Das Kreativtool Rule Breaking stellt Regeln und ungeschriebene Gesetzmäßigkeiten bewusst infrage. Mit Destroy Your Business wird ein noch radikalerer Ansatz verfolgt. Es werden hypothetisch Szenarien durchgespielt, in denen neue Wettbewerber, wie z. B. Start-ups, die eigene Existenz bedrohen. Die Merkmale der beiden Methoden im Überblick:
>
> - Ideale Gruppengröße: 6–8 Personen
> - Zeitbedarf: ca. 75–120 min
> - Voraussetzungen: Moderator, ein aufgeschlossenes Team
> - Vorgehensweise: Jede der skizzierten Techniken arbeitet mit provozierenden Fragestellungen. Diese sollen zum kritischen Reflektieren anregen und auf diese Weise Kreativität für verbesserte Lösungen freisetzen.
> - Geeignete Themen: Prozesse, Organisation, Geschäftsmodelle, Produkteigenschaften etc.
> - Kritik: Gelegentlich entfacht die Anwendung dieser Technik eine große Eigendynamik, bei der nahezu alles Bisherige infrage gestellt wird. Probleme können bei der anschließenden Umsetzung der generierten Ideen auftreten, da insbesondere nicht anwesende Akteure Schwierigkeiten mit Veränderungen haben könnten.

8.4.4 Scamper

SCAMPER wurde von dem US-Amerikaner Robert F. Eberle entwickelt und ist eine Art Checkliste, um ausgehend von einem bestehenden Produkt, Service oder Prozess systematisch nach Verbesserungs- und Veränderungsmöglichkeiten sowie Innovativen zu suchen.

Das Wort SCAMPER ist ein Akronym und setzt sich aus folgenden englischsprachigen Handlungsanweisungen zusammen [13] – dargestellt in Abb. 8.11.

So einfach diese Checkliste auch anmutet, sie vermag vielfältigste Ideen freizusetzen. Verdeutlicht wird dies durch folgende Beispiele:

Anwendungsbeispiele [14]

- Substitute (Ersetzen): Im Fahrzeug- und Flugzeugbau kommt zunehmend das gewichtssparende Carbon statt Stahl zum Einsatz. Fluggesellschaften setzen verstärkt Check-in-Automaten statt Schalter mit Personal ein.
- Combine (Kombiniere): Neue Ideen entstehen häufig durch das erstmalige Kombinieren alter Konzepte, z. B.:
    - Mobiltelefon + Kamera + MP3-Player = iPhone
    - Currywurstbude + stylisches Restaurant = Edelcurry (ein Restaurant in Hamburg)
    - Display + Autokarosserie = Konzeptfahrzeug Toyota Fun Vii
    - Halstuch + Airbag = unsichtbarer Fahrradhelm (eine schwedische Erfindung unter dem Namen Hövding)
- Adapt (Ändern/Übernehmen): Das Konzept des Deorollers wurde adaptiert vom Kugelschreiber (Ballpen).
- Modify (Verändern): Hierzu gehören die Magnumflasche Sekt oder eine XXL-Verpackung. Das Luxushotel Burj Al Arab in Dubai bezeichnet sich als Siebensternehotel aufgrund von außergewöhnlichen Dienstleistungen und Ausstattungen, die in anderen Hotels untypisch sind.
- Put (Verwendung): Der weltgrößte Diamantenproduzent und -händler De Beers war ursprünglich stark auf die Herstellung von Industriediamanten ausgerichtet. Ende der 1930er Jahre begann das Unternehmen mit dem Slogan „Diamonds are forever" sehr erfolgreich damit, Verlobungsringe mit Diamanten zu verkaufen.
- Eliminate (Entfernen): Der Computerhersteller Dell verkaufte jahrelang seine Produkte ohne Einbeziehung des Einzelhandels direkt an seine Kunden. Low-Cost-Airlines wie z. B. Ryanair haben einige Serviceelemente reduziert oder sogar völlig abgeschafft. Konkurrent Easyjet übertrug das Prinzip der Reduktion auf Hotels und für einige Jahre sogar auf Kreuzfahrtschiffe.
- Reverse (Umkehren): Fast-Food-Ketten wie McDonalds haben den Prozessablauf umgekehrt. Kunden bezahlen zuerst, bevor sie anschließend essen.

Abkürzung	Englisch	Bedeutung
S	Substitute	Elemente, Komponenten, Materialien, Personen, etc. ersetzen
C	Combine	Mit anderen Produkten, Dienstleistungen, Funktionen kombinieren
A	Adapt	Teil eines anderen Produktes, Elements oder einer Baugruppe hinzufügen; Komponenten verändern
M	Modify	Größe und Maßstab verändern; Attribute variieren (Farbe, Haptik, Akustik, Form, etc.)
P	Put	„Put to another use": Weitere Verwendungsmöglichkeiten; anderen Zusammenhang zur Nutzung, etc.
E	Eliminate	Elemente und Komponenten entfernen; auf Kernfunktion reduzieren; vereinfachen, etc.
R	Reverse	Entgegensetzte Nutzung finden; das Innere nach außen stülpen; auf den Kopf stellen

Abb. 8.11 SCAMPER

Eine Alternative zu SCAMPER stellt die ausführlichere Osborn-Checkliste dar [15]. Die übergeordneten Perspektivwechsel (z. B. vergrößern, verkleinern) sind dabei ähnlich, allerdings ergänzen zahlreiche Fragen als Hilfestellung die Technik.

Kernaussagen – Grundlegende Charakteristika von SCAMPER
SCAMPER ist eine Checkliste, mit der aus sieben unterschiedlichen Perspektiven innovative Ideen für Produkte, Service oder Prozesse abgeleitet werden können. Die wesentlichen Merkmale dieser Technik:

- Ideale Gruppengröße: 6–8 Personen
- Zeitbedarf: ca. 45–90 min
- Voraussetzungen: Visualisierungsmöglichkeit für die generierten Ideen (Flipchart etc.)
- Vorgehensweise: Sukzessive wird die Checkliste abgearbeitet und auf diese Weise strukturiert nach neuen Lösungsmöglichkeiten gesucht.
- Geeignete Themen: Überall dort, wo produkt-, service- oder prozessbezogen Verbesserungen und Innovationen erarbeitet werden sollen.
- Kritik: SCAMPER ist ein inspirierendes Hilfsmittel für die Ideenfindung. Gleichwohl kann es wie beim klassischen Brainstorming vorkommen, dass sich weniger ausdrucksstarke Teilnehmer während der temporeichen Ideengenerierung seltener zu Wort melden als extrovertierte Menschen.

8.4.5 Fragen Sie Persönlichkeiten

Menschen entwickeln ihre Ideen aus ihren persönlichen Erfahrungen und ihrer individuellen Denkweise heraus. Sie tun dies innerhalb ihrer „Scheuklappen", über die sie alle (mehr oder weniger weit aufgestellt) verfügen. Diese Metapher steht für die Begrenzung des individuellen Denkens. Um diese Grenzen zu durchbrechen, existieren einige Kreativitätstechniken, die als Inspiration mit Wörtern, Bildern oder Assoziationen arbeiten, die bezüglich einer Themenstellung gänzlich außerhalb dieser Scheuklappen liegen. Im englischsprachigen Raum hat sich eine ganze Gruppe an Tools und dem Oberbegriff Forced Connection etabliert. „Fragen Sie Persönlichkeiten" funktioniert auf eine solche Art und Weise [16]. Das Kreativtool lässt sich am besten anhand eines Anwendungsbeispiels verdeutlichen.

> **Beispielthema: Für einen großen Konzern soll eine neue Kantine gebaut werden. Welche Ideen gibt es für diese Kantine (Konzept, Einrichtung etc.)?**

In einem ersten Brainstorming werden 10–15 min lang von einem Team u. a. folgende Ideen notiert:

- große Essensauswahl
- bequeme Stühle
- stylisches Ambiente
- integrierte Cafébar mit italienischen Kaffeespezialitäten in bester Qualität
- etc.

Anschließend wird der Kreativprozess mit „Fragen Sie Persönlichkeiten" fortgesetzt. Der Moderator nennt den Teilnehmern eine Berühmtheit (z. B. einen Sportler, Schauspieler, Popstar). Zunächst besteht die Aufgabe darin, die ursprüngliche Themenstellung kurzzeitig zu vergessen und sich ausschließlich auf die betreffende Person zu konzentrieren. Die Teilnehmer notieren einige Assoziationen zu der Persönlichkeit. Nehmen wir an, die Persönlichkeit wäre die Pop-Ikone Madonna. Die Teilnehmer verbinden mit ihr z. B. folgende Dinge: 1980er Jahre, Mode-Ikone, Evita, Like a Virgin, Tochter Lourdes etc. Im folgenden Arbeitsschritt wird jeder der notierten Begriffe zu Madonna wieder mit dem ursprünglichen Thema „Ideen für eine Kantine" in Verbindung gebracht (Force Fit). Die Ideen des anfänglichen Brainstormings werden um weitere Gedanken ergänzt:

- 1980er Jahre: eine Kantine im Stil der 1980er Jahre; Bildschirme, auf denen Musikvideos laufen; Hintergrundmusik aus dieser Zeit; Accessoires aus dieser Zeit; Tische in Form und Farbe eines riesigen Zauberwürfels.
- Mode-Ikone: Außergewöhnliche Dekostoffe, Trendessen wie z. B. Sushi.
- Evita: Hintergrundmusik (Musicals, Tangomusik), Aktionswochen mit

länderspezifischer Küche (z. B. argentinische Spezialitäten), Steakrestaurant statt herkömmlicher Kantine.

Mit dieser Methode lässt sich leicht dem Anspruch an Quantität Rechnung tragen, d. h. es besteht bei Bedarf die Möglichkeit, zusätzliche Persönlichkeiten für weitere Inspiration zu nutzen. So könnten durch Assoziationen zu Sebastian Vettel eine Formel-Eins-Kantine entstehen und zu Steve Jobs eine Hightech-Internet-Kantine.
Kritisch anzumerken ist, dass diese Technik nur bei einem begrenzten Themenspektrum funktioniert, insbesondere dann, wenn es um Ausstattungen, Einrichtungen sowie die Identifikation von Themen- oder Produktwelten geht. Gleichwohl lässt sich mit diesem Tool eindrucksvoll verdeutlichen, wie das kreative Potenzial verbessert werden kann. In Abschn. 6.1 wurde dargelegt, dass eine Facette von Kreativität darin besteht, Dinge aus problemfremden Bereichen zu übertragen. Nichts anderes wird mithilfe der Kreativtechnik „Fragen Sie Persönlichkeiten" versucht.

Eine Alternative mit stärkerem Businessbezug steht mit der Methode MisterX zur Verfügung. Als Vorgehensweise wird dabei eine Problemstellung aus der Sicht eines anderen Menschen, z. B. des Unternehmensgründers, eines Schlüsselkunden, des idealen Wettbewerbers oder eines Business Stars (z. B. Steve Jobs oder Richard Branson) besprochen. Von dem amerikanischen Handelskonzern Wal-Mart wird beispielsweise berichtet, dass bei ausgewählten Besprechungen der Frage nachgegangen wird, wie wohl der Unternehmensgründer Sam Walton die auf der Tagesordnung stehende Problemstellung gelöst hätte.

> **Kernaussagen – Grundlegende Charakteristika zu Fragen Sie Persönlichkeiten**
> „Fragen Sie Persönlichkeiten" ist eine Kreativtechnik, mit deren Hilfe Inspiration durch problemfremde Assoziationen erzeugt wird. Alle Gedanken zu einer berühmten Person werden dabei mit der zu bearbeitenden Themenstellung verknüpft und können auf diese Weise zu neuen Ideen führen. Die Merkmale dieser Technik im Überblick:
>
> - Ideale Gruppengröße: 6–8 Personen
> - Zeitbedarf: ca. 60–75 min
> - Voraussetzungen: Moderator, leere Blätter oder Flipchart, offene und experimentierfreudige Teilnehmer
> - Vorgehensweise:
>   – Problemstellung/Zielsetzung wird präzisiert
>   – Durchführung eines Brainstormings für eine erste Ideensammlung (ca. 10–15 min)
>   – Auswahl einer berühmten Persönlichkeit und Erstellung einer Liste mit Assoziationen zu dieser Persönlichkeit (ca. 10 min)

> - Force Fit: Verbindung der Assoziationen mit der ursprünglichen Problemstellung
> - Bei Bedarf: Fortsetzung mit weiteren Persönlichkeiten
> - Geeignete Themen: Produktentwicklung, Marketing (z. B. Identifikation von Themen- oder Produktwelten), Ausstattung von Räumen, Einrichtungen etc.
> - Kritik: Lediglich für begrenzte Problemstellungen geeignet. Schwierig wird die Anwendung der Technik dann, wenn die ausgewählte Persönlichkeit nicht allen Teammitgliedern hinreichend bekannt ist.

8.4.6 Random Input

Bei Random Input handelt es sich um ein Kreativtool, bei dem Zufallsbegriffe (z. B. aus dem Duden) verwendet werden, um neue Assoziationen zu erzeugen. Sie ist auch unter dem Namen Reizwortmethode bekannt.

Um ein Reizwort zu bestimmen, lässt sich der Moderator von einem Teilnehmer eine beliebige Seitenzahl für den Duden nennen. Auf dieser Seite wird der erste Begriff gewählt. Im nachfolgenden Beispiel handelt es sich dabei um den Zufallsbegriff „Fremdsprache". Im Rahmen eines kurzen Brainstormings werden schnell einige Begriffe notiert, die den Teilnehmern zu dem Reizwort einfallen. Die auf diese Weise entstehende Auflistung an Wörtern wird als Reizwortliste bezeichnet. Im Anschluss daran werden zu jedem Begriff auf der Reizwortliste einige weitere Assoziationen gebildet. Im Grunde geht es darum, möglichst viele Wortschöpfungen zu erzeugen. Erst danach werden die Teilnehmer richtig kreativ: Die Assoziationen – also alle Wörter der zuletzt zusammengetragenen Liste – werden nacheinander mit der eigentlichen Themenstellung verknüpft.

> **Beispiel für Random Input**
> Ein Kosmetikhersteller sucht nach neuen Produktideen für die Zielgruppe der 35- bis 50-jährigen Frauen mit gehobenen Einkommen. Welche Ideen gibt es für das Suchfeld „Kosmetik für morgens"?

Wie Random Input in der Praxis aussehen kann, verdeutlicht Abb. 8.12.

Die Verwendung von Zufallswörtern kann dazu beitragen, sehr kreative Lösungen zu entwickeln. Nicht immer sind die gewählten Zufallsbegriffe allerdings gleich ergiebig.

Neben dem Duden können auch Internetquellen genutzt werden, um Reizwörter zu generieren. So existiert beispielsweise ein englischsprachiger Wortgenerator unter der Webadresse www.watchout4snakes.com. Alternativ können auch Bilder benutzt werden, um eine Reizwortliste zu erarbeiten. Bei der Kreativtechnik Bisoziation (zusammengesetzt aus den Wörtern Bild + Assoziation) werden Teilnehmer gebeten, ihre Assoziationen zu einem Bildmotiv zu notieren. Die Vorgehensweise ist ansonsten identisch wie bei der Reizwortmethode.

Reizwort: Fremdsprache		Problemstellung: Kosmetikideen für morgens
Reizwortliste	Assoziationen	Neuproduktideen
• Unverständnis	• Morgenmuffel • Müdigkeit • Stress • Augenringe	• Gute-Laune-Wasserspray mit Limone • Wake-up-Cream • Anti-Stress-Produkt • Abschwellendes Augengel
• Englisch	• English Breakfast • Tee • Radio • Königshaus • schweres Essen	• Creme mit schwarzem Tee/grünem Tee • Creme mit grünem Kaffee/weißem Tee • Kosmetikpaket mit Entspannungsmusik • Exklusive Royal-Pflegeserie • light Morgen-Gel
• Französisch	• Baguette • Croissant • Café au Lait • Urlaub • Trikolore • Meeresbrise	• Creme mit Enzymen • Creme/Dusche mit Milchextrakten • Kaffee-Dusche • Deo mit Urlaubsbezug • Zahnpasta dreifarbig • Meeres-Pflegeserie mit Algen

Abb. 8.12 Beispiel zu Random Input (Reizwortmethode)

Kernaussagen – Grundlegende Charakteristika von Random Input

Bei Random Input wird nach dem Prinzip der Zufallsanregung gearbeitet. Die Methode kann dazu beitragen, sehr kreative Lösungen zu entwickeln. Die Merkmale im Überblick:

- Ideale Gruppengröße: 6–8 Personen
- Zeitbedarf: ca. 60–75 min
- Voraussetzungen: Moderator, Visualisierung in allen Schritten, offene und experimentierfreudige Teilnehmer
- Vorgehensweise:
  – Problemstellung/Zielsetzung wird präzisiert
  – Zu einem beliebigen Begriff (Reizwort) wird ein kurzes Brainstorming durchgeführt (ca. 10 min). Alle Begriffe, die den Teilnehmern zu dem Reizwort einfallen, werden auf einer Reizwortliste notiert.
  – Zu jedem Begriff auf der Reizwortliste werden weitere drei bis vier Assoziationen notiert
  – Force Fit: Verbindung der Assoziationen mit der ursprünglichen Problemstellung
  – Bei Bedarf: Fortsetzung mit weiteren Reizwörtern
- Geeignete Themen: z. B. Produktentwicklung (insbesondere im Konsumgüterbereich), Marketingthemen

> - Kritik: Random Input ist nicht für alle Themenstellungen bzw. Personengruppen geeignet und sollte aus diesem Grund wohlüberlegt eingesetzt werden. Zudem hängt die Quantität und Qualität der generierten Ideen stark vom ausgewählten Zufallsbegriff ab.

8.4.7 Electronic Brainstorming, Apps & Co

Bei Corporate Think Tanks besteht gelegentlich der Bedarf, auf einen größeren Personenkreis zur Ideenfindung zurückzugreifen (siehe Abschn. 6.3). Dies kann technologisch erfolgen. So existieren etliche Online-Tools auf dem Markt, mithilfe derer Brainstorming-Sessions relativ kostengünstig auf Internetplattformen durchgeführt werden können. Der Vorteil besteht u. a. darin, dass – je nach Anbieter – Ideen auch anonymisiert generiert werden, bzw. die Teilnehmer zeit- und ortsungebunden ihre Vorschläge beitragen können. Im Nachfolgenden sind einige Tools aufgelistet:

Beispiel 1: Tricider [17]

- Tricider ist ein in deutscher und englischer Sprache verfügbares Social-Voting-Tool.
- Die Fragen/Themen werden online gepostet.
- Zusätzlich besteht die Möglichkeit einer Verlinkung mit Social-Media-Plattformen sowie auf Internetseiten.
- Tricider ist sowohl als internes Brainstorming- als auch als Open-Source-Tool zu nutzen, d. h. auch unternehmensexterne Teilnehmer können in die Ideenfindung eingebunden werden.
- Potenzielle Teilnehmer können zudem über Ideenwettbewerbe incentiviert werden.
- Ideen werden online eingegeben und es besteht die Möglichkeit, diese mit Bildern, Dokumenten, Links oder Videos zu ergänzen.
- Die Ideen anderer Teilnehmer können kommentiert und bewertet werden.
- Die Grundfunktionen von Tricider sind kostenlos, eine Plusversion ohne Werbung und mit weiteren Anwendungsmöglichkeiten ist kostenpflichtig.

Beispiel 2: Stormboard [18]

- Englischsprachiges Online-Brainstorming-Tool, mit dem Teilnehmer ihre Ideen auf interaktiven Post-it-Zetteln notieren und auf ein virtuelles Whiteboard posten.
- Für Teilnehmer an unterschiedlichen Orten geeignet.
- Das Tool kann sowohl synchron (alle Teilnehmer arbeiten zur gleichen Zeit) als auch asynchron (die Teilnehmer arbeiten zu unterschiedlichen Zeiten) eingesetzt werden.

- Jeder Teilnehmer kann mit seinem bevorzugten Gerät arbeiten (Versionen für Computer, Tablet und Smartphone).
- Für eine bessere Strukturierung und Visualisierung stehen zahlreiche Vorlagen zur Verfügung.
- Bei Bedarf können Teilnehmer Ideen in Form von Bildern, Videos oder Dokumenten hochladen.
- Es besteht die Möglichkeit, die Ideen anderer Teilnehmer wie bei einem Chat zu kommentieren und zu bewerten.
- Kostlos ist die Basisversion für kleine Teams, ein geringes monatliches Entgeld wird bei der Vollversion in Rechnung gestellt.

Beispiel 3: BrainR [19]

- BrainR ist eine offene Online-Plattform, auf der man als Einzelperson oder Unternehmen eine Fragestellung posten kann: „Ich/wir suchen Ideen für …"
- Da es sich um eine Open-Source-Plattform handelt, sind die geposteten Ideen für jedermann sichtbar.

Darüber hinaus kann ein auf Abwechslung bedachter Moderator auch in Präsenzveranstaltungen Software-Tools einsetzen. Am häufigsten geschieht dies in der Praxis mit rechnergestützten Mindmaps (eine Art Visualisierungsmöglichkeit für Gedanken und Ideen, dargestellt in einer Baumstruktur). Mit Computer und Beamer ausgestattet, kann hierbei ein strukturierendes Mindmap gemeinsam mit den Teilnehmern erarbeitet und im Anschluss als PDF-Dokument an diese per Mail verschickt werden.

Seit wenigen Jahren existieren zudem Apps, die die Funktion von Moderationskarten übernehmen. So können iPhone-Nutzer mit der App „Sticky Brainstorming" Ideen auf ihrem Smartphone eingeben und absenden, die dann – eine gemeinsam genutzte WLAN-Verbindung vorausgesetzt – auf dem Apple-Computer des Moderators erscheinen [20]. Für die Teilnehmer kann die Bildschirmoberfläche über einen Beamer an eine Leinwand o. ä. projiziert werden. Gemeinsam mit den Teammitgliedern kategorisiert der Moderator anschließend die eingegangenen Ideen.

Des Weiteren gibt es zahlreiche Apps auf dem Markt, die für die Inspiration und Kreativität von Einzelpersonen nützlich sein können. Neben einigen Angeboten zur Strukturierung von Themen auf der Basis von Mindmaps existieren etliche (zumeist englischsprachige) Apps, die ähnlich funktionieren wie die bereits vorgestellte Methode „Random Input". Über Bilder und Zufallswörter soll damit neue Inspiration erzeugt werden. Beispiele für solche Apps sind „Inspire Me" [21] und „Creativity at Work" [22]. Letztere bietet ferner einen grundlegenden Überblick zu einigen Kreativitätstechniken. Auch zur Archivierung von Ideen halten die App Stores Angebote bereit, wie z. B. „Save your Ideas" [23], mit der Möglichkeit, Ideen in unterschiedliche Rubriken zu sortieren.

Bei der Planung des Einsatzes der beschriebenen technischen Hilfsmittel in einem Corporate Think Tank ist zu berücksichtigen, dass nicht alle Menschen in gleichem Ausmaß technikaffin sind. Abhängig von Thema und Teilnehmerkreis ist daher die Eignung einer solchen Vorgehensweise immer zu hinterfragen.

Kernaussagen – Grundlegende Charakteristika von Electronic Brainstorming
Internetbasierte Brainstorming-Tools ermöglichen die Durchführung einer Ideengenerierung sowie -bewertung mit einem größeren Personenkreis, unabhängig von Ort und Zeit. Die Merkmale im Überblick:

- Ideale Gruppengröße: ab 6 Personen/bis über 100 Personen
- Zeitbedarf: mehrere Tage bis zu ca. vier Wochen
- Voraussetzungen: Zugang zu einer entsprechenden Plattform
- Vorgehensweise:
  - Problemstellung/Thema wird präzisiert und befristet Online gestellt
  - Teilnehmer werden eingeladen
  - Die auf der Online-Plattform eingetragenen Ideen können in einer zweiten Phase durch die Teilnehmer bewertet oder kommentiert werden
- Geeignete Themen: Keine Einschränkung
- Kritik: Internetbasierte Brainstroming-Tools können bestimmte Personengruppen ausgrenzen (z. B. nicht-technikaffine Menschen).

Darüber hinaus existieren Softwarelösungen (z. B. für die Erstellung von Mindmaps oder als technologiebasierte Moderationskarten), die in Präsenzveranstaltungen zum Einsatz kommen können. Die Vorgehensweise ist ähnlich wie bei einem klassischen Brainstorming. Zur Inspiration von Einzelpersonen sowie zur Archivierung von Ideen steht eine Vielzahl von Apps zur Verfügung. Auch für den Einsatz dieser technologischen Hilfsmittel besteht die Voraussetzung, dass sich die Teilnehmer durch ein Mindestmaß an Technikaffinität auszeichnen sollten.

8.5 Nutzerzentrierte Vorgehensweise sichern: Trendtool Design Thinking

Design Thinking wird auf Innovationskongressen und in den Medien häufig als Trendtool bezeichnet, obwohl die Ursprünge der Methode zurück bis in die 1990er Jahre reichen. Abb. 8.13 veranschaulicht den Nutzen dieses Tools.

Umgangssprachlich wird unter „Design" häufig verstanden, Objekte zu verschönern. Designer sehen ihre Tätigkeit dagegen eher darin begründet, „kreative Lösungen für komplexe Probleme zu finden" [24]. Insofern „designen" sie neben Produkten auch

Methode	Ausrichtung	Nutzen
Design Thinking	Prozess-übergreifend	Strukturierender Prozess zur anwenderzentrierten Entwicklung von Problemlösungen aller Art, mit einem Set an hilfreichen Tools

Abb. 8.13 Übersicht zu Design Thinking

Dienstleistungen, Prozesse sowie Problemlösungen aller Art. Inspiriert durch die spezielle Art und Weise, wie Designer an ihren Themen und Herausforderungen arbeiten, ist Design Thinking entstanden.

▶ **Definition: Design Thinking** Design Thinking ist eine Methode, mit
- einem Set an Prinzipien,
- einem Prozess und
- einer Vielzahl an Tools

zur anwenderorientierten, iterativen und lösungsoffenen Entwicklung von Problemlösungen aller Art.

Bei vielen Innovationsprojekten stehen technologische Aspekte im Vordergrund der Entwicklung. Design Thinking ist dagegen auf den Menschen ausgerichtet, deshalb die Betonung der Anwenderorientierung in der obigen Definition.

Beispielhafte Schlagzeilen aus den Medien vermitteln eine bessere Vorstellung von Design Thinking:

NA-Presseportal (11.09.2012): „**Innovationskultur** Design Thinking hilft der Wirtschaft beim Meistern globaler Herausforderungen" [25].

Business-Wissen (12.07.2012): „Genau beobachten, quer denken, einfach **ausprobieren** – Design Thinker beobachten Kunden, sind kreativ, bauen Prototypen und lassen ausgiebig testen. Ihre Innovationen sind vom Vorgehen der Architekten, Designer und Künstler inspiriert" [26].

Absatzwirtschaft (01.02.2009): „**Design Thinking kreiert Lösungen**" [27]

Frankfurter Rundschau (08.10.2010): „Design Thinking: **Wir wissen, was ihr braucht**" [28]

Süddeutsche Zeitung (06.01.2014): „Design Thinking in Unternehmen: **Labor für Geistesblitze** – Unternehmen wollen innovativ sein, doch häufig fehlt ihren Mitarbeitern der Raum für Kreativität. Daher setzt bereits jeder zweite Großkonzern auf „Design Thinking", eine Methode zur Ideenfindung" [29].

Design Thinking liegen folgende **Prinzipien** zugrunde:

- Multidisziplinäre Teams („Diversity"): Bei der Zusammensetzung eines Design-Thinking-Teams wird strikt auf unterschiedliche fachliche Disziplinen geachtet.

8.5 Nutzerzentrierte Vorgehensweise sichern: Trendtool Design Thinking

- „T-Shape"-Persönlichkeiten im Design-Thinking-Team: Gesucht sind vielseitige Persönlichkeiten mit fachlicher Expertise. Der vertikale Buchstabenteil des „T" steht dabei für herausragendes Fachwissen in einer bestimmten Disziplin. Der horizontale Buchstabenteil symbolisiert ein breites Allgemeinwissen und zugleich weit gefächerte Interessen. Dies ermöglicht, andere fachliche Perspektiven in die Problemlösungsfindung einfließen zu lassen.
- Nutzer- und Zielgruppenorientierung: Einer der wichtigsten Grundsätze in einem Design-Thinking-Projekt stellt der strikte Anwenderfokus dar.
- Divergenz und Konvergenz: Während eines Design-Thinking-Projekts wechseln Phasen der Divergenz (Fokus auf Quantität und Ideenvielfalt) mit Phasen der Konvergenz (Fokus auf Verdichtung sowie Zusammenführen von Erkenntnissen und Ideen) ab.
- Visualisierung, Storytelling, Prototyping: In Design-Thinking-Projekten werden Erkenntnisse und Ideen häufig visualisiert, in Form von Skizzen, Storyboards und Geschichten rund um Anwendererlebnisse. Zudem spielt Rapid Prototyping eine zentrale Rolle: Bereits in frühen Phasen werden schnell und mit geringem Aufwand wiederholt Prototypen entwickelt und getestet.
- Iterative Schleifen: Der Prozess des Lernens bzw. einer schrittweisen Annäherung an eine ideale Lösung stellt einen weiteren wesentlichen Grundsatz dar. Zahlreiche Studien zu Erfolgsfaktoren im Innovationsmanagement unterstreichen die hohe Bedeutung von Iteration und Prototyping.
- Flexible Raumkonzepte: In der Design-Thinking-Szene werden flexible Raumkonzepte mit viel Platz bevorzugt, in denen beispielsweise Stehtische, Whiteboards und eine große Auswahl an Materialien zur schnellen Erstellung von Prototypen zur Verfügung stehen.

Design Thinking ist darüber hinaus ein **Prozess.** Die Prozessschritte sind in der Literatur und in der universitären Ausbildung nicht einheitlich definiert und unterscheiden sich je nach Quelle geringfügig voneinander. In Abb. 8.14 ist der Prozess der Stanford University dargestellt [30].

Die Art dieser Prozessdarstellung ist auf den ersten Blick sicherlich ungewöhnlich. Normalerweise ist man festgelegte Prozessschritte gewohnt, getreu der Devise nach „Schritt 1" folgt „Schritt 2". Bei Design Thinking sind die Prozessschritte zugleich flexibel. Im Rahmen einer Iteration kann es vorkommen, dass Phasen mehrfach durchlaufen werden.

Der Design-Thinking-Prozess startet mit der Phase **Empathize** (Empathiegewinnung). Design Thinker sind aufgrund der multidisziplinären Teamzusammensetzung durchaus fachfremd bezüglich des Themas. Zu Beginn der Bearbeitung einer Problemstellung geht es daher darum, so schnell wie möglich Expertise für eine spezifische Themenstellung aufzubauen. Ein klassischer Desk Research mit eingehendem Studium von Internetquellen, Literatur oder Marktforschungsberichten kann daher den Auftakt bilden. Daran anschließend zeichnet sich die Vorgehensweise von Design Thinkern vor allem dadurch aus, dass sie sehr intensiv mit Kunden bzw. Anwendern interagieren.

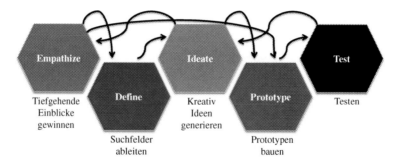

Abb. 8.14 Schritte im Design-Thinking-Prozess

> **Praxisbeispiel – Elektronikgeräte optimieren [31]**
> Das koreanische Elektronikunternehmen Samsung hatte ein Design-Thinking-Team (darunter ein Architekt, ein Modedesigner und ein Banker) damit beauftragt, sich einige Tage zu Gast in diversen europäischen Haushalten aufzuhalten. Ziel des Projekts: Erkenntnisse darüber zu gewinnen, wie zukünftig Smartphones, Fernseher und andere Elektronikgeräte für Europäer aussehen sollen. Bei dem Projekt hat ein Design Thinker beobachtet, wie eine Jugendliche ständig die Posts auf ihrer Facebook-Seite verfolgte. Auf Nachfrage stellte sich hierfür folgender Grund heraus: Sie hatte Angst, dass irgendjemand etwas Negatives über sie schreiben könnte. Grund genug für Samsung, sich im Rahmen eines Projektes Gedanken darüber zu machen, wie eine Software aussehen könnte, die negative Einträge erkennt und die Betroffenen warnt.

Wie das Beispiel zeigt, werden neben **Beobachtungen** auch **Interviews** durchgeführt, um sehr fundierte Einblicke zu gewinnen. Design Thinker haken dabei sehr häufig nach und hinterfragen das „Warum?". Sie versuchen, sich zudem extreme Nutzererfahrungen in Form von konkreten Erlebnissen schildern zu lassen. Bei einem Thema wie beispielsweise „Service" würde sowohl ein positiver Kontext diskutiert werden, z. B. „Was ist für Sie exzellenter Service?", „Wo bekommen Sie den?", „Wie sieht der konkret aus?", als auch ein negativer Kontext mit Fragen wie z. B. „Was ist für Sie schlechter Service?".

Ferner geht es in der Empathie-Phase um die **Selbsterfahrung** des Design Thinkers, aus der Sichtweise eines Anwenders. Von Walt Disney wird z. B. berichtet, dass er während der Bauphase eines Freizeitparks immer wieder in die Hocke gegangen sei, um den Fortschritt der Bauarbeiten zu beurteilen. Er nahm damit die Perspektive eines Kindes ein.

> **Praxisbeispiel – Sich in die Rolle des Kunden hinein versetzen**
> Bei einem meiner Design-Thinking-Seminare kommentierte der Innovationsmanager eines Druckmaschinenherstellers die Empathie-Phase mit den Worten: „Das machen wir alles. Wir gehen auch in die Druckereien und befragen dort die Mitarbeiter vor Ort". Der Unterschied zu regulären Interviews eines regulären

Marktforschungsprojektes ist größer als er auf den ersten Blick erscheint. Ein Design Thinker würde zunächst Zeit damit verbringen, genau zu beobachten, wie das betreffende Gerät im Druckeralltag zum Einsatz kommt. Er würde weit über die Fragen eines standardisierten Fragebogens hinaus in die Tiefe gehen, um auf diese Weise nach versteckten Bedürfnissen und damit Verbesserungspotenzial zu forschen. Ferner würde er die Handhabung der Maschine – ggf. unter Aufsicht – selbst ausprobieren. Die Zielsetzung besteht darin, sich in die Rolle des Kunden/Anwenders hineinzuversetzen, seine Probleme und Wünsche zu verstehen und damit zu begreifen, was er zukünftig gerne hätte.

Design Thinker suchen zudem bevorzugt nach sogenannten Extremnutzern. Das sind Menschen, die entweder viel Anwendererfahrung mitbringen oder aber zu den absoluten Verweigerern gehören. Beide Personengruppen können entscheidend zum Erkenntnisgewinn beitragen.

In einem Design-Thinking-Projekt wird sich nicht nur auf schriftliche Aufzeichnungen als Ergebnis eines Interviews beschränkt. Die Teammitarbeiter fotografieren, filmen und lassen Anwender selbst Dinge visualisieren oder sogar erste Prototypen bauen.

Eine solche Vorgehensweise fördert keine repräsentativen Marktforschungsergebnisse zutage. Darum geht es bei Design Thinking auch nicht. Hier steht zu Beginn eines Problemlösungsprozesses das Lernen im Vordergrund, das Aufdecken von verdeckten Bedürfnissen und die Identifikation von Verbesserungsmöglichkeiten. Aus diesem Grund beschränkt man sich auf kleine Fallzahlen mit intensiven Beobachtungen bzw. Gesprächen (manchmal sind es nur fünf bis zehn Einzelgespräche). Dabei ist es durchaus sinnvoll, wenn verschiedene Mitglieder eines multidisziplinär zusammengesetzten Design-Thinking-Teams bei unterschiedlichen Nutzern ihre Erkenntnisse sammeln. Häufig kommt zwar ein abgestimmter Interviewleitfaden zum Einsatz, allerdings fungiert dieser lediglich als Erinnerungsstütze. Jedes Gespräch wird daher anders verlaufen, zumal aufgrund der Diversität der Interviewer oft nach völlig unterschiedlichen Aspekten gefragt wird.

In der Phase **Define** steht die Formulierung einer präzisen Fragestellung für die nachfolgende Ideengenerierung im Vordergrund. Zunächst müssen dazu die gewonnenen Erkenntnisse aus der Empathie-Phase im Design-Thinking-Team miteinander geteilt, diskutiert, zusammengeführt und priorisiert werden. Dies steht unter der Überschrift der zuvor unter Prinzipien beschriebenen Konvergenz.

Design Thinker arbeiten in dieser Phase sehr gerne stehend vor Whiteboards und nutzen Post-it-Zettel, die sich sehr gut für schnelle Ergänzungen, etwaiges Umhängen und Clustern eignen. Zudem werden ein oder mehrere sogenannte Personas kreiert. Das sind fiktive Menschen, die bestimmte Anwendergruppen repräsentieren. Personas werden sehr genau beschrieben, mit Namen, Bild, soziodemografischen Merkmalen und grundlegenden Charakteristika. Sie sind ein Hilfsmittel für den anwenderzentrierten Fokus und für die Formulierung der Ausgangsfrage (in der Design-Thinking-Sprache „Point of View" genannt) als Basis der Ideenfindung: Was konkret benötigt diese beschriebene Person und warum?

> **Praxisbeispiel – Das richtige Waschmittel für Lieblingsstücke**
>
> Im Mai 2013 war ich zu Gast an der d.school/Stanford University in Kalifornien. Studenten berichteten mir dort von einem gerade durchgeführten Praxisprojekt für einen namhaften Hersteller von Waschmitteln. Die Herausforderung: Das Unternehmen wolle lernen, welche Anforderungen die Generation Y an ein zeitgemäßes Waschmittel habe. Zur Überraschung aller Beteiligten zählten nicht etwa Reinheit oder Umweltschutz zu den am häufigsten genannten Aspekten. Diese Dinge wurden als Selbstverständlichkeiten angesehen. Die Empathie-Phase förderte die Erkenntnis zutage, dass noch etwas ganz anderes wichtig ist. Nahezu jeder Interviewpartner berichtete sehr emotional von einigen Kleidungsstücken, die ihm sehr ans Herz gewachsen waren. Diese Lieblingsbekleidung sollte durch das Waschen auf keinen Fall an Farbe verlieren oder ausleiern. Als Personas wurde Susan kreiert, eine berufstätige junge Frau, die gerne preiswerte Kleidung kauft. Der Point of View:
>
> Susan benötigt etwas für ihre Lieblingskleidungsstücke, das sauber macht, Gerüche neutralisiert und dabei Farbe und Form nicht beeinträchtigt, weil ihr diese Lieblingskleidung sehr wichtig ist und sie diese noch lange tragen möchte.
>
> Diese Themenformulierung lässt bei der Ideengenerierung Raum für solche Produktkonzepte, die ggf. jenseits herkömmlicher Waschmittel liegen (z. B. Reinigungssprays).

In der Phase **Ideate** werden Problemlösungen und Ideen generiert. Die Arbeitsweise ist divergent, denn es geht zunächst um eine größtmögliche Quantität. Design Thinker arbeiten dabei mit einer speziellen Variante des Brainstormings. Identisch bleiben die klassischen Brainstorming-Regeln wie z. B. keine Kritik. Auch hier kommen Post-it-Zettel zum Einsatz, die an Whiteboard-Tafeln geklebt werden. Erst entwickelt jedes Teammitglied alleine Ideen, diese werden anschließend kurz vorgestellt. Ein Brainstorming schließt sich an, bei dem weitere Gedanken und Problemlösungen ergänzt werden. Bei Bedarf kommen weitere Kreativitätstechniken zum Einsatz. Die Ideate-Phase schließt konvergent, d. h. mit einer Verdichtung und Auswahl besonders vielversprechender Ansätze. Auch hierfür stehen unterschiedliche Techniken zur Verfügung (siehe Abschn. 10.1).

Die Phase **Prototype** schließt sich in der Prozessdarstellung an die Ideenfindung an. Gleichwohl kommt es in der Praxis häufig vor, dass auch schon in vorausgehenden Phasen erste Prototypen zu Visualisierungszwecken entstehen. Einige Kreative bezeichnen das Erstellen von Prototypen als die Kunst, etwas zu Zeigen anstatt etwas zu Erzählen. Die Zielsetzung besteht dabei darin, Ideen greifbar und erfahrbar werden zu lassen.

Prototypen können z. B. in 2-D als Skizze oder Storyboard zum Einsatz kommen, als 3-D-Modell oder als (animierter) Film.

Getreu der Devise „mit den Händen denken" entstehen auch bei der Erstellung von Prototypen kreative Ideen. Technologieunternehmen verstehen unter Prototyping etwas gänzlich anderes als Design Thinker. In klassischen Innovationsprozessen werden Prototypen ziemlich spät und mit sehr großem Aufwand gebaut. Design Thinker verfolgen dagegen den Ansatz eines Rapid Prototyping. Ein solcher Prototyp muss schnell und ohne großen Aufwand zu bauen sein. Diese Vorgehensweise liegt in folgender These begründet: Je mehr Zeit und Aufwand es kostet, einen Prototypen zu bauen, desto schwerer fällt es, diesen nach einer Iteration zu verändern. Ein wichtiger Lernprozess dabei ist, zu begreifen, dass man nicht zu sehr an seiner eigenen, lieb gewonnenen Idee festhält. Im Design Thinking werden daher zu einzelnen Ideen nacheinander mehrere Prototypen entworfen. Diese werden in der Phase **Test** Anwendern gezeigt und sukzessive immer weiter verbessert. Der Tenor lautet dabei: Scheitere oft und früh.

Ingesamt stehen für jede einzelne Phase Dutzende von **Tools** zur Verfügung, u. a. entliehen aus Disziplinen wie der ethnografischen Marktforschung, der Psychologie, dem Projektmanagement und insbesondere dem Design.

Design Thinking wird heute von vielen Unternehmen zu den unterschiedlichsten Themen angewendet, z. B. für das Hervorbringen von Produkt-, Service- und Prozessinnovationen. Darüber hinaus haben einige Non-Profit-Organisationen die Methode für sich entdeckt und versuchen damit, die großen Probleme der Menschheit zu lösen. Einige Schulen, u. a. in den USA oder in Indien, haben Design Thinking in ihre Lehrpläne integriert. Kinder und Jugendliche lernen dabei insbesondere, Empathie zu entwickeln, indem sie beispielsweise Familien mit Behinderten besuchen, um der Frage nachzugehen, wie Inklusion in der Gesellschaft praktisch gelebt wird und wie sie verbessert werden kann. Sogar im medizinischen Bereich hat Design Thinking Einzug gehalten und zu kreativen Lösungen geführt, wie nachfolgendes Beispiel illustriert.

Praxisbeispiel – Kindgerechte Computertomographie-Untersuchung [32]

Bekannt ist in der Design-Thinking-Ausbildung das einschneidende Erlebnis eines Designers für Computertomographen (CT) der Firma General Electric. Beim Besuch einer Klinik in Chicago beobachtete der Designer bestürzt, wie kleine Kinder darauf reagierten, wenn sie in die enge Röhre eines CT hineingeschoben wurden. Da Patienten bei einer solchen Untersuchung für einige Momente still liegen müssen, wurden in dem US-Krankenhaus etwa 70–80 % der Kinder regelmäßig sediert. Die Problemlösung: Die Untersuchung wird Teil einer Abenteuergeschichte für die Kinder. Schon zu Hause sehen sich die Eltern gemeinsam mit ihrem Nachwuchs eigens gestaltete Bücher mit vielen Bildern an und starten somit in das Abenteuer einer spannenden Piratengeschichte. Höhepunkt der Geschichte ist der Besuch im Krankenhaus. Der Behandlungsraum und der CT sind passend zum Abenteuer bemalt und mit entsprechenden Requisiten ausgestattet. Der Zeitpunkt der Untersuchung und des Stillliegens sind in die Geschichte eingearbeitet. General Electric berichtet, dass durch diese ungewöhnliche und zugleich quergedachte Idee in 90 % der Fälle die Beruhigungsmedikamente nicht mehr nötig sind.

Design Thinking ist als Methode für projektbezogene Think Tanks geeignet. Aufgrund ihrer verschiedenen Phasen können sowohl analytische als auch gestaltende Themen bearbeitet werden. Durch die umfassenden Prozessschritte ist Design Thinking eine Alternative zu ThinkX (siehe Abschn. 8.1).

Positiv an Design Thinking ist, dass sich die Grundphilosophie sowie der systematische und doch zugleich flexible Prozess mit einer strikten Anwenderorientierung und seinen Iterationen in der Praxis bei den unterschiedlichsten Themenstellungen bewährt haben. Ferner entwickeln Teammitglieder ein ausgeprägtes Engagement und Commitment bezüglich der ihnen gestellten Herausforderung.

Kritisch zu sehen ist neben dem Aufwand (Zeit, Personal) die Schwierigkeit, den Prozess nicht zu überdehnen. Die Schwäche manch eines Designers besteht darin, kein Ende zu finden und immer wieder nach weiteren Verbesserungsmöglichkeiten zu suchen. Als Projektleiter bzw. Design-Thinking-Moderator ist es daher erforderlich, ganz gezielt Phasen der Konvergenz und Divergenz zu steuern, und strukturierend in den Prozess einzugreifen. Design Thinking kann zu kreativen Ergebnissen führen, allerdings gibt es auch bei dieser Methode keine Erfolgsgarantie. Marktforscher kritisieren zudem die unzureichende quantitative Absicherung. Das Argument muss man gelten lassen, allerdings stößt umgekehrt auch die Marktforschung an ihre Grenzen und kann gleichermaßen keine Garantien bezüglich ihrer Empfehlungen abgeben.

> **Kernaussagen – Grundlegende Charakteristika von Design Thinking**
> Design Thinking ist eine Methode zur anwenderorientierten Entwicklung von Problemlösungen aller Art. Sie basiert auf dem folgenden Set an Prinzipien: Multidisziplinäre Teamarbeit, T-Shape-Persönlichkeiten, strikte Nutzer- und Zielgruppenorientierung, Divergenz und Konvergenz, Visualisierung, Storytelling, Prototyping, iterative Schleifen und flexible Raumkonzepte. Die Merkmale der Methode in der Übersicht:
>
> - Ideale Gruppengröße: ca. 4–8 Personen (das Design-Thinking-Team kann in einzelnen Phasen erweitert werden)
> - Zeitbedarf: mehrere Tage bis zu ca. drei Wochen
> - Voraussetzungen: Moderator, viel Platz für Visualisierung, Materialien für Prototyping
> - Vorgehensweise: Durchlaufen wird ein **Prozess** mit den Phasen Empathy, Define, Ideate, Prototype sowie Test, in dem **Tools** aus unterschiedlichen Disziplinen genutzt werden
> - Geeignete Themen: für komplexe Problemstellungen aller Art geeignet

> - Kritik: Design-Thinking-Projekte können sehr aufwendig sein. Der qualitativen Vorgehensweise (Beobachtungen, Tiefeninterviews in kleinen Fallzahlen, Iterationen) fehlt eine quantitative Absicherung.

8.6 Tiefgründig analysieren und spielerisch arbeiten: LEGO® SERIOUS PLAY® [33]

Mitte der 1990er Jahre durchlebte der dänische Spielwarenhersteller LEGO eine Krise. Der damalige CEO Kirk Kristensen (Enkel des Firmengründers) überlegte während dieser Zeit, ob das hauseigene Produkt, das Kreativität bei Kindern freizusetzen vermag, nicht auch zur Lösung von Herausforderungen in der Wirtschaftswelt geeignet sein könnte. Die Entwicklung zur Methode LEGO® SERIOUS PLAY® – abgekürzt LSP –, die dieser Intension Rechnung zollt, war indes ein schwieriges Unterfangen. Es dauerte fast zehn Jahre, bis LSP ausgereift genug war, um einer breiten Öffentlichkeit vorgestellt zu werden bzw. Trainer in der Methode auszubilden. Abb. 8.15 stellt den Nutzen der LSP-Methode dar.

Folgende Definition verdeutlicht den Grundgedanken von LSP:

▶ **Definition: LEGO® SERIOUS PLAY®** LEGO® SERIOUS PLAY® ist eine Kommunikations- und Problemlösungsmethode, die in einem moderierten Prozess „die Vorzüge des Spiels und des Modellierens mit Legosteinen mit den ernsthaften Belangen der Geschäftswelt verbindet" [34].

Als zertifizierter Trainer für die LSP-Methode tausche ich mich einmal jährlich am Hauptsitz von Lego im dänischen Billund mit meinen Kollegen aus der ganzen Welt aus.

Im Grunde werden auf dieser Tagung neben neuesten Forschungsergebnissen aus der Wissenschaft insbesondere Fallbeispiele von uns Trainern und Beratern aus der Praxis vorgestellt. Dabei zeigt sich immer wieder, wie vielseitig LSP einsetzbar ist. Für folgende Themen wird die Methode u. a. genutzt:

- Analysen aller Art
- Ideenfindung für Innovation und Marketing
- Rapid Prototyping im Innovationsmanagement
- Strategieentwicklung
- Change-Management-Projekte
- Teamentwicklung und Teambuilding
- Fusionen
- Projektmanagement
- Prozessmanagement
- Organisationsentwicklung
- Personalentwicklung und Coaching

Methode	Ausrichtung	Nutzen
LEGO® SERIOUS PLAY®	Prozess-übergreifend	Tiefgehende qualitative Analysen, konstruktive Kommunikation sowie Kreativität durch den Bau von Lego Modellen für ein sehr breites Themenspektrum

Abb. 8.15 Übersicht zu LEGO® SERIOUS PLAY®

Viele namhafte Unternehmen wie Google, Coca-Cola, der Softwarekonzern SAP, aber auch Traditionsunternehmen wie die Allianz, Behörden und sogar die SOS-Kinderdörfer haben LEGO®-SERIOUS-PLAY®-Workshops oder -Trainings durchgeführt. In etlichen Start-ups finden sich Legosteine an den Arbeitsplätzen der Mitarbeiter oder in Besprechungsräumen. Die EU hat das Forschungsprojekt S-Play gefördert, in dem die Anwendungsmöglichkeiten von LSP speziell für kleinere und mittelständische Unternehmen analysiert wurden. In Mexiko hat die dortige Regierung die Ausbildung von 100 Trainern für LSP mitfinanziert, die die Methode gezielt als Multiplikatoren in 237 landesweiten Entrepreneurzentren schulen. Die Quintessenz: Das Interesse an LSP ist gegenwärtig groß und die Methode ist zu einem Trendtool geworden.

Die Grundüberlegung bei LSP besteht darin, dass jeder noch so abstrakte Gedanke, jede Idee, aber auch Visonen in dreidimensionalen Legomodellen visualisiert werden können. „Mit den Händen denken" ist dabei einerseits eine Metapher für LSP. Andererseits existieren wissenschaftliche Untersuchungen, die darauf hindeuten, dass das Arbeiten mit den Händen zu einem tiefgründigen Verständnis führen kann und damit förderlich für unser Lernen und das Wahrnehmungsvermögen ist.

In der praktischen Anwendung eignet sich LSP sehr gut für eine Themenbearbeitung in Teams und damit auch in Corporate Think Tanks. Um dabei sicherzustellen, dass jedes Teammitglied seine Ideen und Gedanken in gleicher Weise einbringen kann, bekommt jeder einzelne Teilnehmer ein eigens für die Methode zusammengestelltes Starterkit mit Legosteinen ausgehändigt. In einem LSP-Workshop beginnt man nicht sofort mit der eigentlichen Themenbearbeitung. Etwa eine Stunde Zeit wird mit einer sogenannten „Skill-Building-Phase" (Fähigkeiten erwerben) verbracht. Dies ist notwendig, um die Methode zu erlernen und um sich mit dem Set an Legosteinen vertraut zu machen.

Am nachhaltigsten kann man die vielfältigen Anwendungsmöglichkeiten von LEGO® SERIOUS PLAY® verstehen, indem man die Methode selbst ausprobiert. In dem vorliegenden Buch beschränke ich mich auf die Darstellung einiger Fallbeispiele aus der Praxis.

> **Praxisbeispiel: Teamentwicklung**
>
> In einem permanent installierten Corporate Think Tank (Zukunftsabteilung) eines multinationalen Konzerns funktionierte die Zusammenarbeit innerhalb des Teams nicht. In einem Workshop sollten die Probleme der Abteilung analysiert werden. Hierzu wurde (sozusagen zur Auflockerung der schwierigen Situation) LEGO®

SERIOUS PLAY® als Methode eingesetzt. Alle Teilnehmer wurden nach dem Skill Building in einem ersten Arbeitsschritt darum gebeten, sich an ein ganz konkretes Erlebnis zu erinnern, in dem sie als Mitglied des Teams äußerst unzufrieden waren. Diese Situation bzw. kleine Geschichte sollten sie anhand eines Legomodells visualisieren. Alternativ konnten sie auch ein Modell bauen, das symptomatisch für die damalige Situation des Teams insgesamt stand. Die Teilnehmer bekamen dafür etwa zehn Minuten Zeit. Danach präsentierten alle Teammitglieder nacheinander ihre Ergebnisse, indem sie ihre Bauwerke erklärten. In der Abb. 8.16 ist exemplarisch eines der Modelle zu sehen.

Die Teilnehmerin, die dieses Modell erbaut hatte, beschrieb es wie folgt: *„Der Chef mit seiner Krone auf dem Kopf steht erhöht rechts auf einem Podest. Die Türen zu ihm sind stets geschlossen. Wir Mitarbeiter des Teams sind links im Bild zu sehen, auf einer kleinen isolierten Insel. Jeder Stein steht für einen von uns fünf. Wir treiben etwas orientierungslos auf dieser Insel, da der Faden zu unserem Chef abgerissen ist. Der Faden steht für Kommunikation und diese findet nicht statt".*

Dieses Beispiel gibt nur den Beginn eines Workshops wieder und soll verdeutlichen, auf welche Weise Legomodelle mit Elementen des Storytellings in der Praxis verknüpft werden.

Beim Bauen und bei der Beschreibung der Legomodelle arbeiten die Teilnehmer intuitiv sehr stark mit Metaphern. Die „Krone" im obigen Beispiel wird mit Hierarchie in Verbindung gebracht, der „Faden" mit Kommunikation, die geschlossenen „Türen" mit fehlender Offenheit.

Wie beschrieben, erläutert jedes Teammitglied sein Bauwerk. Bei LSP gibt es dabei das Prinzip, dass Modelle grundsätzlich nicht kritisiert werden dürfen. Fragen zu den Modellen sind hingegen gestattet und auch erwünscht. Der Moderator oder Trainer muss das Einhalten diese Lego-Etikette zwingend sicherstellen. Bei Analysen wie dem eingangs geschilderten Beispiel der Zusammenarbeit im Team erhält man eine tiefgründige Schilderung der problematischen Situation. Dies geschieht dabei in einem konstruktiven Rahmen. Eine etwaige Kritik beispielsweise gegenüber einem anderen Teammitglied wird durch das Modell externalisiert. In schwierigen Situationen kann eine solche Vorgehensweise entschärfend wirken, ganz im Gegenteil zu einem emotionsgeladenen Streitgespräch.

Nach der Vorstellung eines jeden Modells kann ein nächster Arbeitsschritt darin bestehen, die Modelle auf einem großen Tisch zu clustern bzw. in eine Struktur zu bringen. Mit herkömmlichen Moderationsmethoden können daraufhin Schlussfolgerungen gezogen bzw. konkrete Handlungsoptionen abgeleitet werden.

Gelegentlich wird LSP auf einer ausschließlich individuellen Ebene angewendet, beispielsweise bei Mediationen, im Coaching oder in Personalgesprächen. Die Methode eignet sich ferner für Analysen im Rahmen von Tiefeninterviews, z. B. während der Empathie-Phase eines Design-Thinking-Projekts.

Abb. 8.16 Legomodell „Teamanalyse"

Das folgende Anwendungsbeispiel verdeutlicht, dass LSP zudem für kreative Aufgabenstellungen, etwa im Innovationsmanagement, geeignet ist.

> **Praxisbeispiel: Ideenfindung und Prototyping kombiniert**
> Ein Hersteller von Schneemobilen beabsichtigte in einem eintägigen Corporate Think Tank neue Ideen für die kommende Produktgeneration zu generieren. Ausgehend von einem bestehendem Modell, einem sehr einfachen Einsitzer (ähnlich wie ein Motorrad auf Kufen), wurden Verbesserungsvorschläge gesucht. In einer ersten Runde baute jeder Teilnehmer seine Ideen in kleinen Legomodellen. Abb. 8.17 zeigt einen solchen Entwurf für einen Snow Scooter.
>
> Ein Teilnehmer (siehe Bild) entwickelte den Prototypen eines Zweisitzers mit Dach und eine Abladefläche für Gepäck (hinten zu sehen). Ein anderes Teammitglied hatte in dem Lego-Starterset kleine Düsenantriebe gefunden, die ihm zu einem neuen Antriebssystem inspirierten. Eine Teilnehmerin setzte auf ein poppiges Design in den Farben gelb und orange.

LSP sieht zudem die Möglichkeit vor, in einem folgenden Arbeitsschritt aus mehreren Einzelmodellen ein Gemeinschaftsmodell zu entwickeln. Als Moderator würde man jedes einzelne Teammitglied zunächst bitten, ein für ihn wesentliches Merkmal seines individuell gebauten Modells auf einem Post-it-Zettel zu notieren. Diese Sammlung an Post-it-Zetteln stellt das Grundgerüst des Bauplans dar. Bei der Konstruktion des Gemeinschaftsmodells wird versucht, alle wesentlichen Ideen der einzelnen Teammitglieder zu berücksichtigen. Nicht immer gelingt dies, da sich Lösungsvorschläge diametral widersprechen können. In einem solchen Fall können bei Bedarf mehrere Gemeinschaftsmodelle gebaut werden. Der Vorteil dieses Arbeitsschritts: Jeder Teilnehmer findet sich zumindest ein Stück weit wieder in einem finalen Vorschlag. Dies kann die Identifikation mit dem Endergebnis eines Workshops erheblich verbessern.

8.6 Tiefgründig analysieren und spielerisch arbeiten ... 125

Abb. 8.17 Legomodell „Snow Scooter"

Eine weitere Anwendungsmöglichkeit von LSP bietet sich bei strategischen Themen an. Aufgrund der Komplexität der zu bearbeitenden Problemstellungen sind dafür zweitägige Veranstaltungen notwendig.

> **Praxisbeispiel: Visionen und Strategien in einem systemischen Kontext entwickeln**
> Bei einem Corporate Think Tank zum Thema Strategieentwicklung mit einem Zeithorizont von fünf Jahren wurde mit der Methode LSP gearbeitet. Folgende Arbeitsschritte wurden nacheinander realisiert:
>
> 1. Jeder Teilnehmer wurde gebeten, seine individuelle Sicht in Bezug auf die Unternehmensvision in einem Legomodell zu visualisieren.
> 2. Alle Teammitglieder stellten ihre Modelle nacheinander vor. Rückfragen der anderen Teilnehmer waren zu jedem Modell gestattet. Die Beschreibung eines der vorgestellten Modelle (siehe auch dessen Abb. 8.18):
>   *„In meiner Vision des Unternehmens (links auf dem Bild) sind sämtliche internen Abläufe aufeinander abgestimmt und funktionieren reibungslos (Zahnräder greifen ineinander). Die Turbinen stehen für Agilität, d. h. das Unternehmen ist in der Lage, schnell auf Marktveränderungen oder neue Kundenwünsche zu reagieren. Der Baum ganz links steht für das Nachhaltigkeitsversprechen des Unternehmens. In der Mitte auf einem Smiley stehend befindet sich der überaus zufriedene König Kunde, mit dem die Firma bestens vernetzt ist (symbolisiert durch das schwarze Verbindungsseil). Dieser ist so begeistert von den Leistungen des Unternehmens, dass er diese aktiv weiterempfiehlt und somit den nächsten Kunden schon an der Angel serviert."*
> 3. Jedes Teammitglied notierte ein oder zwei Aspekte aus seinem individuellen Modell, die ihm äußerst wichtig waren.
> 4. Alle Teilnehmer bauten ein gemeinschaftliches Modell der Zukunftsvision. Dieser Arbeitsschritt nahm mit etwa zwei Stunden viel Zeit in Anspruch.

Abb. 8.18 Legomodell „Vision"

5. Als nächstes wurden Stakeholder identifiziert und gebaut. Sie zeichnen sich dadurch aus, dass sie die Erreichung der Vision ggf. behindern oder unterstützen können. Gelegentlich können Stakeholder dabei auch als neutral eingestuft werden.
6. Im folgenden Arbeitsschritt wurden Strategien abgeleitet und in Modellen visualisiert. Dabei wurde folgende Fragestellung thematisiert: An welchen großen Stellschrauben müssen wir drehen, damit die Vision Realität wird?
7. Schlussendlich wurden in einer systemischen Darstellung das Gemeinschaftsmodell der Vision, die Stakeholder und die Strategien miteinander verknüpft (siehe Abb. 8.19). Man verwendete dazu lose Ketten, Seile oder starre Verbindungsstücke, um zu verdeutlichen, ob und in welcher Abhängigkeit die einzelnen Elemente zueinander stehen bzw. welchen unterschiedlichen Auswirkungsgrad sie auf das System haben können.
8. Gegen Ende wurden mögliche Ereignisse durchgespielt, um deren Auswirkung auf das Gesamtsystem zu analysieren.

Dieses Beispiel stellt eine der komplexesten Anwendungsmöglichkeiten von LSP dar. Dabei ist es notwendig, eine Video- oder Fotodokumentation zu erstellen, um die systemische Darstellung mit allen analysierten Aspekten zu archivieren.

Zusammenfassend steht mit LEGO® SERIOUS PLAY® eine Methode zur Verfügung, deren Hauptvorteile u. a. in den Möglichkeiten zur Visualisierung sowie zur tiefgründigen Kommunikation in einer konstruktiven Atmosphäre zu sehen sind. Darüber hinaus macht die Verwendung von Lego den meisten Menschen viel Spaß, wirkt motivierend und stellt sicher, dass ausnahmslos alle Teilnehmer mit ihren Gedanken, Ideen und Vorstellungen zu Wort kommen. Insbesondere durch den Bau von Gemeinschaftsmodellen lässt sich eine hohe Identifikation mit den Ergebnissen eines Workshops oder Corporate Think Tanks erreichen. Während sich Menschen häufig sehr schwer tun, Ideen zu zeichnen, fällt es den meisten Teilnehmern eines LSP-Workshops dagegen leicht, ein Legomodell zu bauen.

Abb. 8.19 Legomodell „Systemische Strategieentwicklung"

Wesentliche Vorbehalte gegenüber LSP werden gelegentlich durch den Namen der Methode ausgelöst. Wenn manch ein Topmanager die Begriffe „Play" und „Lego" im Kontext mit Arbeit hört, dann passen sie für ihn in einem traditionellen Verständnis nicht zusammen. Insofern ist es nicht zu unterschätzen, dass einige Menschen erhebliche Bedenken gegenüber einer solchen Methode vorbringen. Aus meiner Sicht eignet sich LEGO® SERIOUS PLAY® daher nicht für alle Teilnehmerkreise in gleichem Maße. Immer dort, wo eine gewisse Offenheit gegenüber neuen Dingen, einschließlich neuer Methoden, existiert, kann man mit LSP effizient arbeiten. Zudem werden die Teilnehmer sich lange an eine solche „Lego-Veranstaltung" erinnern.

> **Kernaussagen – Grundlegende Charakteristika von LEGO® SERIOUS PLAY**
> LEGO® SERIOUS PLAY® ist eine Kommunikations- und Problemlösungsmethode, bei der in einem moderierten Prozess vielfältige Themen bearbeitet werden können. Es wird dabei davon ausgegangen, dass jede Idee, jedes Erlebnis, jeder Gedanke etc. mithilfe eines Legomodells visualisiert werden kann. Die Merkmale der Methode in der Übersicht:
>
> - Ideale Gruppengröße: ca. 4–8 Personen
> - Zeitbedarf: ca. 3 h bis zu 2 Tage (je nach Komplexität des Themas)
> - Voraussetzungen: Moderator, viel Platz, Lego-Kits für jeden Teilnehmer
> - Vorgehensweise: Durch einen Wechsel von Einzel- und Gruppenarbeit stellt LEGO® SERIOUS PLAY® sicher, dass einerseits jeder Teilnehmer aktiviert wird und zudem seine Gedanken kundtun kann. Andererseits kann durch den Bau von Gemeinschaftsmodellen der Teamspirit gefördert und eine höhere Identifikation sichergestellt werden.
> - Geeignete Themen: komplexe Themen, wie z. B. Analysen, Ideenfindung, Visionen, Strategie

- Kritik: Voraussetzung für den Einsatz der Methode ist eine gewisse Offenheit seitens der Teilnehmer. Die Begriffe „Lego" und „Play" stoßen bei einigen Menschen im Zusammenhang mit beruflichen Aufgabenstellungen auf erhebliche Vorbehalte. Diese sollte man Ernst nehmen und den Einsatz von LSP von Fall zu Fall genau abwägen.

8.7 Geschäftsmodell neu erfinden: Business Model Canvas

Im Jahr 2010 erschien das Buch „Business Model Generation" von den Autoren Alexander Osterwalder sowie Yves Pigneur und entwickelte sich schnell zu einem internationalen Bestseller. Die Besonderheit an dem Werk: 470 Menschen aus 45 Ländern beteiligten sich an der iterativen Erstellung des Buches mit Kommentaren, Verbesserungsvorschlägen, Praxisbeispielen und Ideen. Abb. 8.20 stellt die Übersicht zum Business Model Canvas dar.

Wesentlicher Bestandteil der Publikation ist ein strategisches Management-Tool namens „Business Model Canvas". Mit dem Canvas lassen sich Geschäftsmodelle übersichtlich auf einem großen Poster visualisieren. Dieser kann in englischer Sprache auf der offiziellen Website der Autoren kostenfrei unter www.businessmodelcanvas.com heruntergeladen werden. In deutscher Sprache ist er auf diversen Internetseiten ebenfalls erhältlich. In Abb. 8.21 ist der Business Model Canvas dargestellt.

Folgende Aspekte werden im Canvas betrachtet [35, 36]:

Leistung

- **Wertangebote:** Hier werden die Leistungen eines Unternehmens aufgelistet, die aus Kundensicht einen Wertbeitrag liefern. Bei Google bestehen die Wertangebote in einer ausgereiften Suchmaschine und im Angebot von Werbemöglichkeiten.

Kunde

- **Kundensegmente:** Die wesentlichen Kundengruppen werden in diesem Arbeitsschritt aufgelistet. Eine Fluglinie unterscheidet z. B. in Urlaubs- und Geschäftsreisende.
- **Kanäle:** Hier werden die Distributions- und Verkaufskanäle beschrieben. Ein Autohersteller vertreibt seine Fahrzeuge über assoziierte Partnerhändler oder direkt an Leasing- oder Mietwagenfirmen.
- **Kundenbeziehung:** Diese kann sowohl persönlich als auch automatisiert ausgerichtet sein. Ein Unternehmen im Anlagenbau betreut seine Kunden von der Angebotsabgabe bis zur Bauabnahme persönlich. Bei einem Online-Händler überwiegt die unpersönliche Kundenbeziehung.

8.7 Geschäftsmodell neu erfinden: Business Model Canvas

Methode	Ausrichtung	Nutzen
Business Model Canvas	Prozess-übergreifend	Visualisierung von Geschäftsmodellen zu Analysezwecken sowie für ein sich anschließendes Re- und Neu-Design

Abb. 8.20 Übersicht zum Business Model Canvas

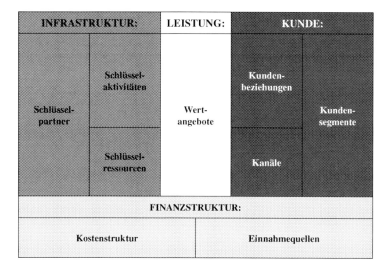

Abb. 8.21 Business Model Canvas [35]

Infrastruktur

- **Schlüsselaktivitäten:** In einer internen Betrachtung wird analysiert, welche Schlüsselaktivitäten im Unternehmen selbst durchgeführt werden. Für den Getränkehersteller Red Bull ist Marketing die Schlüsselaktivität. Die Produktion und Abfüllung des Getränks sind outgesourct und werden durch einen Partner durchgeführt.
- **Schlüsselressourcen:** Die wesentliche Ressource bei einer Unternehmensberatung ist das Know-how. Bei einem IT-Infrastrukturunternehmen sind es die Server mit ihren Gebäuden.
- **Schlüsselpartner:** Häufig existieren enge Partnerschaften zwischen Unternehmen z. B. im Innovations- und Vertriebsbereich. Autokonzerne entwickeln beispielsweise gemeinschaftlich neue Motoren.

Finanzstruktur

- **Einnahmequellen:** Die Struktur der Einnahmen und des Preissystems werden dargestellt. Einige Apps für Smartphones funktionieren z. B. nach dem sogenannten Freemium- Prinzip. Eine Grundversion ist für die Kunden kostenlos erhältlich, mit einer kostenpflichtigen Premiumversion wird dagegen Geld verdient.
- **Kostenstruktur:** Schlussendlich geht es um die Identifikation der wesentlichen Kostentreiber in einem Unternehmen.

Die Idee des Canvas besteht darin, alle wesentlichen Faktoren, die ein Geschäftsmodell ausmachen, übersichtlich auf einem Poster zusammenzutragen. In einem strategisch ausgerichteten Corporate Think Tank bei einem Unternehmen mit einem etablierten Geschäftsmodell könnte man das Business Model Canvas in folgenden Schritten erarbeiten:

1. Vorstellung des Business Model Canvas: Die neun Felder im Überblick
2. Analyse des Status quo: Bearbeitung jedes einzelnen Feldes. In der Praxis arbeitet man dabei häufig mit Post-it-Zetteln, die in die jeweiligen Felder auf dem Canvas-Poster geheftet werden.
3. Ableitung von ersten Erkenntnissen: Worin bestehen die Key-Learnings?
4. Durchführung einer strategischen Diskussion: Wo sollte man zukünftig Prioritäten setzen bzw. wie sollte oder könnte man das Geschäftsmodell weiterentwickeln?

Ausgehend von einem fertiggestellten Canvas kann eine zukunftsgerichtete Diskussion durchgeführt werden, um bei Bedarf nach Veränderungsmöglichkeiten des bestehenden Geschäftsmodells zu suchen. Hierfür kann man sich an Geschäftsmodellmustern orientieren, wie sie in anderen Branchen vorkommen [36]. Ein solches Muster ist der bereits geschilderte Freemium-Ansatz.

Diskussionen um ein bestehendes Geschäftsmodell kommen u. a. dann auf, wenn Unternehmen durch Disruptionen oder zunehmenden Wettbewerb in Bedrängnis geraten.

> **Praxisbeispiel: Der Wandel des Navigationsgeräteherstellers TomTom**
>
> Das niederländische Unternehmen TomTom bezeichnet sich selbst als weltweit führenden Hersteller von Navigationssystemen. Das Wettbewerbsumfeld hat sich in den letzten Jahren deutlich verschärft. Menschen nutzen mittlerweile häufiger die Navigationsfunktionen auf ihren Smartphones und immer seltener portable Navigationssysteme. Apple und Samsung sind somit für TomTom neue Konkurrenten geworden [37]. Grund genug für das Unternehmen, sich mit dem eigenen Geschäftsmodell kritisch auseinanderzusetzen. Mit neuen Produkten für neue Kundensegmente versucht TomTom, dem Umsatzeinbruch der vergangenen Jahre entgegenzuwirken. Auf den Markt gebracht wurden eine Sportuhr und ein Fahrradcomputer mit GPS-Funktion. Darüber hinaus arbeitet man intensiv an der Technologie „Time-dynamic routing", bei der

Echtzeitinformationen wie Staus und Baustellen zu alternativen Fahrroutenempfehlungen führen und Fahrzeiten erheblich reduzieren können. Von dieser Technologie und diesen Daten – vermarktet unter dem Namen „TomTom LIVE Services" – können sowohl die Käufer der eigenen Geräte profitieren als auch spezielle Organisationen wie Rettungsdienste, Polizei, Mietwagenanbieter oder Speditionen [38]. Bezogen auf den Canvas, veränderten sich bei TomTom durch die neu angebotenen Produkte die Wertangebote sowie die Schlüsselaktivitäten (von der Geräteherstellung und Aufbereitung von Kartenmaterialien zum Sammeln von Verkehrsdaten und -strömen).

Neben der Darstellung, Analyse und Weiterentwicklung eines existierenden Business Model eignet sich der Canvas im Zusammenhang mit der Einführung von Neuprodukten. So kann die Markterschließung mit Innovationen häufig durch unterschiedliche Geschäftsmodelle realisiert werden. Insofern eignet sich der Business Model Canvas, um diverse Optionen auszuloten. Im diesem Kontext kommt das Tool sehr häufig in der Start-up-Szene zum Einsatz.

Positiv an dem Canvas ist die Möglichkeit, übersichtlich in einer großen Darstellung Geschäftsmodelle zu visualisieren. Dies kann hilfreich bei strategischen Überlegungen sein, zumal das Tool viele Anknüpfungsmöglichkeiten für Veränderungen und neue Ideen bietet. Gleichwohl wird von der wissenschaftlichen Seite gelegentlich angemerkt, dass die im Canvas strukturiert aufgelisteten Informationen eines bestehenden Geschäftsmodells jeder Führungskraft bzw. jedem Unternehmer bekannt sein sollten. Der Vorwurf mag stimmen, gleichwohl ist bei der praktischen Durchführung immer wieder festzustellen, dass sich ein Führungskreis nicht immer durch ein einheitliches Verständnis bezüglich ihres Geschäftsmodells auszeichnet. Darüber hinaus fehlt manch einem Repräsentanten eines Funktionsbereiches (z. B. Marketing) die vollständige Transparenz bezüglich anderer Abteilungen (z. B. Controlling) und damit der Blick auf das große Ganze. Dieser kann jedoch mit einer gemeinschaftlichen Erstellung eines Canvas geschärft werden. Aus der Praxis hört man zudem gelegentlich, dass die Erarbeitung eines Canvas mehr Fragen aufwirft als sie Antworten gibt. Insofern ist das Tool zwar als Analyseinstrument und Diskussionsgrundlage sehr wertvoll, für eine konkrete Entscheidungsvorbereitung ist es nur bedingt geeignet. Dazu sind weitere Aktivitäten notwendig.

Unter dem Namen „Strategyzer" haben die Autoren von Business Model Generation eine App kreiert, die als Hilfsmittel bei der Erstellung eines Canvas fungieren kann [39]. Zudem wurde eine Online-Lernplattform aufgebaut. 2014 erschien ein Fortsetzungsbuch unter dem Titel Value Proposition Design. Das darin vorgestellte Tool ermöglicht eine detaillierte Betrachtung der Felder Wertangebote und Kundensegmente aus dem Business Bodel Canvas. Darüber hinaus wurde ein Kartenset erarbeitet, in dem die Marktrahmenbedingungen zu einem Geschäftsmodell berücksichtigt werden können [40].

Mittlerweile existiert auch eine „Lean-Canvas-Version" speziell für Start-up-Unternehmen, die von dem Autor Ash Maurya entwickelt wurde [41]. Darin wird insbesondere den speziellen Risiken einer Neugründung Rechnung getragen.

> **Kernaussagen – Grundlegende Charakteristika vom Business Model Canvas**
> Der Business Model Canvas ist ein Tool zur visuellen Darstellung des Geschäftsmodells eines Unternehmens auf einem großen Poster. Insgesamt neun Bausteine werden dabei betrachtet:
> Wertangebote, Kundensegmente, Kanäle, Kundenbeziehung, Schlüsselaktivitäten, Schlüsselressourcen, Schlüsselpartner, Einnahmequellen und Kostenstruktur. Die Merkmale der Methode auf einen Blick:
>
> - Ideale Gruppengröße: ca. 4–8 Personen
> - Zeitbedarf: ca. 3–5 h (inkl. anschließender Strategiediskussion)
> - Voraussetzungen: Moderator, Canvas als großes Poster, Post-it-Zettel
> - Vorgehensweise:
>   - Vorstellung des Business Modell Canvas
>   - Analyse der neun Bausteine
>   - Ableitung erster Schlussfolgerungen und Strategiediskussion
> - Geeignete Themen: Beginn eines Strategieprozesses, Identifikation von Optionen bezüglich einer Optimierung, Veränderung oder Neueinführung eines Geschäftsmodells.
> - Kritik: Wissenschaftler kritisieren gelegentlich den Nutzen des Canvas' gegenüber bewährten Methoden des strategischen Managements.

Literatur

1. Hurson, T. (2008). Think better – an innovator's guide to productive thinking. New York 2008, sowie: Mycoted: „Productive Thinking Model". http://www.mycoted.com/Productive_Thinking_Model. Zugegriffen: 10. Febr. 2014.
2. Die Beschreibung der Phasen von ThinkX ist im Wesentlichen angelehnt an: vgl. Hurson, Tim: „Think Better – An Innovator's Guide to Productive Thinking", New York 2008, sowie: Mycoted: „Productive Thinking Model". http://www.mycoted.com/Productive_Thinking_Model. Zugegriffen: 10. Febr. 2014.
3. Wulfen, G., Van (2014). The innovation expedition. BIS, Amsterdam 2013, S. 120 f.; sowie Van Wulfen, G. (2014). 18 top sites for trend spotting in 2014. http://www.linkedin.com/today/post/article/20130902070232-206580-18-top-sites-for-trend-spotting?trk=mp-author-card&_mSplash=1. Zugegriffen: 11. Febr. 2014.
4. Poguntke, S. (2013). Blogbeitrag vom 24.01.2013. http://www.sven-poguntke.com/interessantes/.Zugegriffen: 11. Febr. 2014.
5. Internetportal der SAP World of Innovation. (2014). http://global.sap.com/community/ebook/2013_sap_world_of_innovation/index.html. Zugegriffen: 11. Febr. 2014.
6. Clark-Mitchell, E. (2014). Who's leading the world of innovation. Forbes. Zugegriffen: 10. Aug. 2013. http://www.forbes.com/sites/sap/2013/10/08/whos-leading-the-world-of-innovation/. Zugegriffen: 11. Febr. 2014.
7. Taylor, D. W., Berry, P. C., & Block, C. H. (1958). Does group participation when using brainstorming facilitate or inhibit creative thinking? Administrative Science Quarterly 1958.

Literatur

      http://www.jstor.org/discover/10.2307/2390603?uid=3737864&uid=2&uid=4&sid=21103406520771. Zugegriffen: 17. Febr. 2014.
8. Burkus, D. (2013). How criticism creates innovative teams. Harvard Business Review Blog. Zugegriffen: 22. Juli 2013. http://blogs.hbr.org/2013/07/how-criticism-creates-innovati/. Zugegriffen: 17. Febr. 2014.
9. Zipkin, N. (2014). 13 Big-time business leaders share the best advice they ever got. Entrepreneur Online Ausgabe. Zugegriffen: 28. Febr. 2014. http://www.entrepreneur.com/slideshow/231843. Zugegriffen: 3. März 2014.
10. Sloane, P. (2014). Break the rules – innovation technique. Internetpräsenz von Destination Innovation. http://www.destination-innovation.com/articles/?p=520. Zugegriffen: 18. Febr. 2014.
11. Sim, M. (2014). More than laundry. Cool business ideas. Zugegriffen: 30. Jan. 2006. http://www.coolbusinessideas.com/archives/more-than-laundry/#comments sowie Internetpräsenz von Slate. https://slatenyc.com/new_website/about_us/about_us.aspx. Zugegriffen: 18. Febr. 2014.
12. Ashkenas, R. (2012). Kill your business model before it kills you. Harvard Business Review Blog. Zugegriffen: 02. Okt. 2012. http://blogs.hbr.org/2012/10/kill-your-business-model-befor/. Zugegriffen: 22. Febr. 2014.
13. Wikipedia. (2014). SCAMPER. sowie: vgl. Boos, Evelyn: „Das große Buch der Kreativitätstechniken", Compact, München 2007, S. 127 f. http://de.wikipedia.org/wiki/SCAMPER. Zugegriffen: 17. Febr. 2014.
14. in Anlehnung an: Sloane, Paul. „SCAMPER – a Powerful Innovation Method for Products or Services", in: Yahoo Voices. Zugegriffen: 26. Febr. 2012. http://voices.yahoo.com/scamper-powerful-innovation-method-products-5547331.html?cat=3. Zugegriffen: 18. Febr. 2014.
15. bei weitere Informationen zur Osborn-Checkliste finden Sie im Internet, z. B. bei Wikipedia: „Osborn-Checkliste". http://de.wikipedia.org/wiki/Osborn-Checkliste. Zugegriffen: 18. Febr. 2014.
16. Klein, Z. M. (2006). *Kreative Geister wecken (S. 266 f.)*. Bonn: ManagerSeminare.
17. Internetpräsenz von Tricider. (2014). https://tricider.com/de/t/. Zugegriffen: 19. Febr. 2014.
18. Internetpräsenz von Stormboard. (2016). https://stormboard.com. Zugegriffen: 18. Apr. 2016.
19. Internetpräsenz von BrainR. (2014). http://www.brainr.de. Zugegriffen: 19. Febr. 2014.
20. Internetpräsenz von Sticky Brainstorming. (2014). www.stickybrainstorming.com. Zugegriffen: 19. Febr. 2014.
21. App „InspireMe" bei iTunes. (2016). https://itunes.apple.com/us/app/inspireme-inspiration-generator/id497173313?mt=8. Zugegriffen: 18. Apr. 2016.
22. App „Creativity at Work" bei iTunes. https://itunes.apple.com/us/app/creativity-at-work/id996137505?mt=8. Zugegriffen: 18. Apr. 2016.
23. Internetpräsenz von Ideenkonserve. http://ideenkonserve.de/en/iphone-app/. Zugegriffen: 19. Febr. 2014.
24. Gürtler, J., & Meyer, J. (2013). *30 minuten design thinking (S. 7)*. Offenbach: Gabal.
25. NA-Presseprotal. (2012). newsroom HPI Hasso-Plattner-Institut. Zugegriffen: 11. Nov. 2012. http://www.presseportal.de/pm/22537/2323305/innovationskultur-design-thinking-hilft-der-wirtschaft-beim-meistern-globaler-herausforderungen-d. Zugegriffen: 20. Febr. 2014.
26. Fleig, J. (2014). Design Thinking. Zugegriffen: 12. Juli 2012. http://www.business-wissen.de/artikel/design-thinking-denkhaltung-prozess-und-methode/. Zugegriffen: 20. Febr. 2014.
27. Schwerdt, Y. (2009). Design Thinking kreiert Lösungen. Absatzwirtschaft Nr. 02 vom 01.02.2009, S. 18.
28. Sengbusch, J. (2014). Design Thinking: Wir wissen, was ihr braucht. Onlineausgabe der Frankfurter Rundschau. Zugegriffen: 8. Okt. 2010. http://www.fr-online.de/wissenschaft/-designthinking-wir-wissen-was-ihr-braucht,1472788,4729408.html. Zugegriffen: 20. Febr. 2014.

29. Zydra, M. (2014). Design Thinking in Unternehmen: Labor für Geistesblitze. Onlineausgabe der Süddeutschen Zeitung. Zugegriffen: 6. Jan. 2014. http://www.sueddeutsche.de/wirtschaft/design-thinking-in-unternehmen-labor-fuer-geistesblitze-1.1856849. Zugegriffen: 20. Jan. 2014.
30. in Anlehnung an: Internetportal der d.school: „Welcome to the Virtual Crash Course in Design Thinking". http://dschool.stanford.edu/dgift/. Zugegriffen: 20. Febr. 2014.
31. Hofer, J. (2013). Die Marktforscher am Küchentisch. *Handelsblatt-Live-Ausgabe vom, 12*(02), 2014.
32. Kelly, T., & Kelley, D. (2014). Kids were terrified of getting MRIs. Then one man figures out a better way. Slate's Design Blog. Zugegriffen: 18. Febr. 2013. http://www.slate.com/blogs/the_eye/2013/10/18/creative_confidence_a_new_book_from_ideo_s_tom_and_david_kelley.html. Zugegriffen: 20. Febr. 2014.
33. LEGO® und SERIOUS PLAY® sind eingetragene Markenzeichen der LEGO Group.
34. Wikipedia: „LEGO SERIOUS PLAY". http://de.wikipedia.org/wiki/Lego_Serious_Play. Zugegriffen: 21. Febr. 2013.
35. Osterwalder, A., & Pigneur, Y. (2011). *Business Model Generation – Ein Handbuch für Visionäre, Spieleveränderer und Herausforderer (S. 22)*. Frankfurt a. M: Campus.
36. Osterwalder, A., & Pigneur, Y. (2011). Business Model Generation – Ein Handbuch für Visionäre, Spieleveränderer und Herausforderer (S. 24 ff., 56 ff.) sowie Wikipedia: Business model canvas. http://en.wikipedia.org/wiki/Business_Model_Canvas. Zugegriffen: 4. März 2014.
37. o. V. (2014). TomTom leidet unter Handy-Konkurrenz. Handelsblatt Online vom 11.02.2014. http://www.handelsblatt.com/unternehmen/it-medien/navigationssysteme-tomtom-leidetunter-handy-konkurrenz/9463050.html. Zugegriffen: 22. Febr. 2014.
38. Internetpräsenz von TomTom. (2014). http://www.tomtom.com/de_de/services/live/#tab:tab2. Zugegriffen: 22. Febr. 2014.
39. Internetpräsenz von Strategyzer. (2014). https://strategyzer.com. Zugegriffen: 22. Febr. 2014.
40. Osterwalder, A., Pigneur, Y., Bernarda, G., & Smith, A. (2015). *Value Proposition Design: Entwickeln Sie Produkte und Services, die Ihre Kunden wirklich wollen*. Frankfurt a. M: Campus.
41. Maurya, A. (2013). *Running Lean – Das How-to für erfolgreiche Innovationen*. Köln: O'Reilly.

Teil III

Durchführung eines Corporate Think Thanks und Ergebnisumsetzung

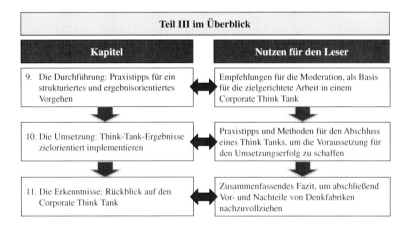

9 Die Durchführung: Praxistipps für ein strukturiertes und ergebnisorientiertes Vorgehen

Im Anschluss an die Ausführungen zu den Vorbereitungsmaßnahmen ist im Teil III zunächst die Durchführung eines Corporate Think Tanks Gegenstand der Betrachtung.

In Kap. 9 stehen dazu **drei Themen** im Vordergrund:

- Das Aufzeigen einiger beispielhafter Projekt- und Ablaufpläne, um darzustellen, wie diese in einer Denkfabrik den strukturellen Rahmen sichern und die zielführende Arbeit unterstützen können (Abschn. 9.1).
- Die Betrachtung von divergenten und konvergenten Arbeitsphasen, um dafür zu sensibilisieren, auf welche Weise der Moderator im Hinblick auf begrenzte Zeit steuernd eingreifen sollte (Abschn. 9.2).
- Praxistipps zu schwierigen Situationen in Corporate Think Tanks, um zu verdeutlichen, wie sich ein Projektleiter oder Moderator auf etwaige Unwägbarkeiten und Probleme einstellen kann (Abschn. 9.3).

9.1 Zeitrahmen festlegen: Praxisbeispiele für Ablaufpläne

In der Praxis hat es sich bewährt, bei der Durchführung von Corporate Think Tanks Ablaufpläne zu nutzen, in denen Angaben zum zeitlichen Rahmen und den zu bearbeitenden Suchfeldern bzw. Teilthemen enthalten sind. Sie geben den Teilnehmern Orientierung und stellen eine ergebnisfokussierte Arbeitsweise sicher. Um Ihnen einen Eindruck zu vermitteln, wie diese Arbeitspläne konkret aussehen können, sind im Nachfolgenden drei Beispiele von unterschiedlichen Denkfabriken skizziert.

Beispiel 1: Eintägiger Corporate Think Tank „Innovation" für ein Unternehmen der Kosmetikbranche

Bei diesem Think Tank bestand die Zielsetzung darin, mit einem Team aus 16 Personen (darunter acht unternehmensexterne Teilnehmer) mindestens 100 Ideen für neue Produkte zu generieren. Im Rahmen einer Tagesveranstaltung musste daher der Ablauf stringent geplant werden und mehrere Suchfelder abdecken. Ein häufiger Methodenwechsel sollte Abwechslung für die Teilnehmer sicherstellen. Es wurden unterschiedliche Varianten des Advanced Brainstorming wie z. B. SCAMPER eingesetzt. Durch die Gruppengröße erfolgte die Bearbeitung einzelner Themen durch kleinere Teams mit vier bis sechs Personen. In Abb. 9.1 ist ein exemplarischer Ablauf eines eintägigen Corporate Think Tanks „Innovation" dargestellt.

Im Vorfeld der Veranstaltung wurden die Teilnehmer gebeten, sich drei Vorschläge für Neuproduktideen zu überlegen und in die Denkfabrik einzubringen. Diese wurden unter der Position 2 „Themenübergreifende Ideensuche" gleich zu Beginn mittels einer Brainwriting-Methode aufgegriffen. Der weitere Tagesablauf orientierte sich an verschiedenen Suchfeldern, wie z. B. einer für das Unternehmen neuen Zielgruppe sowie Trends. Am Nachmittag wurde das Thema „Industry Convergence" betrachtet, in Bezug auf kosmetische Neuproduktideen mit medizinischem Zusatznutzen. Anschließend wurden Ideen für das Suchfeld „Connected Products" generiert, in dem die Verwendung von Kosmetikprodukten im Zusammenhang mit Apps diskutiert wurde. Eine erste Bewertungsrunde beendete den Tag. Die Ergebnisse des Think Tanks wurden anschließend von den jeweils verantwortlichen Produktmanagern gesichtet und nach einem Auswahlprozess zu acht Konzepten verdichtet. Vier davon konnten in den Markt eingeführt werden.

Pos.	Zeit	Suchfeld/Tagesordnungspunkt
1.	09.00-09.15	Einleitung, Begrüßung
2.	09.15-10.00	Themenübergreifende Ideensuche
3.	10.00-11.15	Erschließung einer neuen Zielgruppe: Kosmetik für Männer
4.	11.15-11.30	P A U S E
5.	11.30-12.30	Trends
6.	12.30-13.30	Mittagspause
7.	13.30-15.00	Industry Convergence: Kosmetik + Medizin
8.	15.00-15.15	P A U S E
9.	15.15-16.45	Connected Products: Kosmetik + Internet/Apps
10.	16.45-17.30	Vorauswahl der vielversprechendsten Ideen, Workshopabschluss

Abb. 9.1 Beispiel für den Ablauf eines Corporate Think Tanks „Innovation"

9.1 Zeitrahmen festlegen: Praxisbeispiele für Ablaufpläne

Analytische Tätigkeiten werden gelegentlich im Vorfeld eines Corporate Think Tanks realisiert. So wurden im folgenden Beispiel einer Denkfabrik bereits während der Konzeptphase einige Verantwortliche festgelegt, die im Voraus Recherchen bzw. Analysen durchführten.

> **Beispiel 2: Zweitägiger Corporate Think Tank „Strategie" mit Top-Führungskräften**
> Ein Führungskräfteteam, bestehend aus sieben Personen (Geschäftsleitung und Bereichsleitung), beabsichtige, eine neue Unternehmensvision sowie -ziele mit einem Zeithorizont von fünf Jahren zu erarbeiten. Darüber hinaus sollten strategische Optionen für die Zielerreichung identifiziert, eine erste Priorisierung durchgeführt sowie ein Projektplan für die Umsetzung erarbeitet werden. Abb. 9.2 visualisiert den möglichen Ablauf eines zweitägigen Corporate Think Tanks „Strategie".

Pos.	Zeit	Tagesordnungspunkt
	1. Tag	
1.	10.00-10.15	Begrüßung
2.	10.15-11.45	Präsentation Analyseergebnisse: Business Model Canvas / Diskussion, Ableitung von Key-Learnings
3.	11.45-13.15	Präsentation Analyseergebnisse: SWOT-Analyse/ Diskussion, Ableitung von Key-Learnings
4.	13.15-14.00	Mittagspause
5.	14.00-15.45	Präsentation Analyseergebnisse: Wachstumsfelder/ Diskussion, Ableitung von Key-Learnings
6.	15.45-16.15	P A U S E
7.	16.15-19.00	Vision und Zielplanung 2020

Pos.	Zeit	Tagesordnungspunkt
	2. Tag	
1.	08.00-12.00	Identifikation von strategischen Optionen
2.	12.00-12.45	Mittagspause
3.	12.45-13.15	Präsentation eines Kriterienkatalogs für die Auswahl Strategischer Optionen
4.	13.15-14.45	Erste Priorisierung und Vorauswahl möglicher Strategien
5.	14.45-15.00	P A U S E
6.	15.00-16.45	Besprechung Next Steps: Verantwortlichkeiten und Roadmap für Konzeptphase
7.	16.45-17.00	Abschluss der Veranstaltung, Feedbackrunde

Abb. 9.2 Beispiel für den Ablauf eines Corporate Think Tanks „Strategie"

Corporate Think Tanks werden auch in Form von mehrwöchigen Projektgruppen durchgeführt. Neben den Ablaufplänen für einzelne Veranstaltungen werden dabei zudem übergeordnete Projektpläne erarbeitet. Am folgenden Beispiel eines Design-Thinking-Projekts soll dies verdeutlicht werden.

Beispiel 3: Projektbezogener Think Tank mit der Methode Design Thinking
Ein Hersteller von Unterhaltungselektronik beabsichtigte, mit einem Team aus sechs Mitarbeitern aus verschiedenen Unternehmensbereichen sowie zwei externen Studenten, die kommende Produktgeneration zu entwickeln. Die Zielsetzung bestand darin, drei konkrete Konzepte hervorzubringen. Das Projekt sollte mit der Methode Design Thinking durchgeführt werden. Ein Design-Thinking-Moderator begleitete den Think Tank in allen Phasen. In Abb. 9.3 sind dessen grundlegende Strukturen dargestellt.

Aus meiner Erfahrung heraus sind Zeit- und Projektpläne häufig von folgendem Problem betroffen: Trotz sorgfältiger Planung sowie der Berücksichtigung von Pufferzeiten und Pausen ist in der praktischen Durchführung die Zeit regelmäßig zu knapp bemessen. Dem Moderator kommt daher die Aufgabe zu, so gut wie möglich die Einhaltung der Zeitplanung durchzusetzen (Ausnahmen davon werden Gegenstand des folgenden Kapitels sein). Dazu gehört, langwierige Diskussionen abzubrechen sowie bei einem etwaigen Abschweifen die Teilnehmer zum eigentlichen Thema zurückzuführen.

Pos.	Tag(e)	Aktivität
1.	0,5 Projekttage	Kick-off mit Geschäftsleitung zur Konzeption des Think Tanks: Ziele, Personen, Organisation, etc.
2.	1,0 Projekttage	Schulung des Think-Tank-Teams in der Methode Design Thinking; Aufgabenverteilung Desk Research
3.	1,0 Projekttage	Empathie-Phase: Präsentation Desk Research; Entwicklung eines Studiendesigns für Feldphase
4.	3,0 Projekttage	Empathie-Phase: Feldphase (Beobachtung und Tiefeninterviews)
5.	1,5 Projekttage	Empathie-Phase: Insight-Mapping sowie Define-Phase: Ableitung des Point-of-View
6.	2,0 Projekttage	Ideate-Phase: Ideengenerierung und -auswahl Prototype-Phase: Bau erster Prototypen
7.	2,0 Projekttage	Test: Iteration und Verbesserungen
8.	1,0 Projekttage	Finish: Erarbeitung von drei Rohkonzepten

Abb. 9.3 Beispiel für den Ablauf eines Corporate Think Tanks mit der Methode Design Thinking

> **Kernaussagen – Praxistipps für strukturiertes und ergebnisorientiertes Vorgehen**
> In den Verantwortungsbereich von Projektleitern oder Moderatoren einer Denkfabrik fällt die Planung und Umsetzung von Ablauf- und Projektplänen. In ihrer konkreten Ausgestaltung sind diese von Art und Thema eines Corporate Think Tanks abhängig. Die Zeitplanung sollte stets großzügig bemessen sein und ausreichend Pufferzeiten sowie Pausen berücksichtigen.

9.2 Phasen bewusst steuern: Divergenz und Konvergenz aktiv moderieren

In nahezu jeder Trainerausbildung wird vermittelt, dass das aktive Zeitmanagement zu einer der wichtigsten Aufgaben eines Projektleiters oder Moderators zählt. Gleichwohl kann es Situationen in einem Corporate Think Tank geben, in denen ein Zeitplan nicht akribisch eingehalten werden kann. Manchmal ist eine Diskussion so zentral für den weiteren Projektverlauf, dass ein abrupter Abbruch kontraproduktiv wäre. Oder eine Ideenfindungsphase gestaltet sich gerade so ergiebig, dass bei einem Wechsel zum nächsten Tagesordnungspunkt wesentliche Gedanken und neue Ansätze verloren gingen.

Projektleiter oder Moderatoren von Denkfabriken sind daher gut beraten, bereits im Vorfeld Pufferzeiten einzuplanen. Bei der Durchführung eines Think Tanks ist zudem Flexibilität gefragt, diese allerdings in Maßen. Bei den Ausführungen zu Design Thinking (Abschn. 8.5) wurden die Begriffe „Divergenz" und „Konvergenz" eingeführt. Ganz gleich, welches Thema oder welche Form einem Corporate Think Tank zugrunde liegen, der Projektleiter oder Moderator muss immer wieder diese beiden zentralen Phasen steuern:

1. **Divergente Phasen:** Hier wird ein Thema in seiner ganzen Bandbreite betrachtet, z. B.
   - werden zahlreiche Erkenntnisse eine Analyse diskutiert,
   - werden strategische Optionen identifiziert,
   - werden potenzielle Wachstumsmärkte analysiert,
   - werde Ideen generiert.

2. **Konvergente Phasen:** Hier wird zusammengeführt, z. B.
   - werden Themen unter übergeordnete Cluster zusammengefasst,
   - werden Fazit oder Key-Learnings abgeleitet,
   - wird eine Auswahl getroffen.

Manche Denkfabriken durchlaufen mehrere Phasen der Divergenz und Konvergenz hintereinander, wie nachfolgende Abb. 9.4 illustriert.

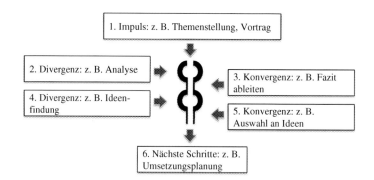

Abb. 9.4 Divergente und konvergente Phasen in einem Corporate Think Tank

Die Herausforderung besteht darin, eine Phase der Divergenz einerseits unter Erkenntnisgesichtspunkten nicht zu früh abzubrechen und andererseits unter Effizienzgesichtspunkten nicht zu überdehnen. Erfahrene Projektleiter und Moderatoren entwickeln im Lauf der Zeit ein Gespür für die richtige Balance. Ferner kann das Thema Zeitmanagement aktiv angesprochen und in Abstimmung mit den Teilnehmern gelöst werden.

> **Kernaussagen – Phasen bewusst steuern: Divergenz und Konvergenz aktiv moderieren**
> In einem Coporate Think Tank wechseln sich Phasen der Divergenz (d. h. in die Breite gehen) und der Konvergenz (d. h. zusammenführen) ab. Die schwierige Aufgabe für einen Moderator besteht darin, die divergenten Phasen situationsabhängig flexibel, aber zugleich effizient zu gestalten.

9.3 Probleme souverän meistern: Vorbereitung und Reaktion auf schwierige Situationen

In allen Bereichen, in denen Menschen zusammenarbeiten, können Konflikte und schwierige Situationen entstehen, so auch in Corporate Think Tanks. Patentrezepte dagegen existieren nur bedingt, dafür einige Praxistipps und bewährte Vorgehensweisen. Bereits bei der Planung einer Denkfabrik können Projektleiter und Moderator Vorsorge treffen. Im Abschn. 6.1. ist in diesem Zusammenhang bereits skizziert worden, dass bei der Teilnehmerzusammensetzung der Fokus auf solche Akteure gelegt werden sollte, die gut auf den Ideen und Gedanken anderer Menschen aufbauen können. In der Moderatorenszene hat sich als Beispiel für nicht-förderliches Teamverhalten von Teilnehmern die „Spiegelsaal"-Metapher etabliert: In Fitnessstudios trainieren oft gestählte Sportler vor großen Spiegelwänden und können vor lauter Selbstbegeisterung den Blick gar nicht von sich abwenden. Diese Selbstinszenierung praktizieren auch manche Menschen in Besprechungen bzw. Teamforen wie Denkfabriken. Das Verhalten solcher Akteure ist geprägt von epischen Monologen und dem Unwillen, auch nur ansatzweise auf Gedanken und Ideen von anderen Menschen in einem konstruktiven Kontext einzugehen und diese weiterzuentwickeln. Falls irgendwie möglich, verzichtet man auf solche Mitglieder in einem Corporate Think Tank und kann somit von vornherein einer potenziellen Störquelle entgegenwirken.

Zudem sollten bereits bei der Vorbereitung von Corporate Think Tanks potenzielle Konfliktthemen identifiziert und diese (wenn überhaupt) nur mit gebotener Vorsicht bzw. einem Höchstmaß an diplomatischem Geschick platziert werden.

Darüber hinaus sollte den Beteiligten im Voraus die Zielsetzung einer Think-Tank-Initiative erläutert werden. Dadurch erhöht sich die Identifikation mit dem Projektvorhaben und es unterbleiben Grundsatzdiskussionen über das Für und Wider in der Denkfabrik.

Zu Beginn eines Corporate Think Tanks ist es sinnvoll, mit den Teilnehmern das Thema „Etikette" zu besprechen, um auf diese Weise die Spielregeln der Zusammenarbeit gemeinsam festzulegen.

Gelegentlich ist es hilfreich, den Akteuren klassische Verhaltensweisen in Teams vor Augen zu führen. Das Modell des US-amerikanischen Psychologen David Kantor kann beispielsweise dazu genutzt werden, um grundlegende Rollen in Teamsituationen zu verdeutlichen [1]:

- Mover (Richtungsgeber, treibende Kraft): In dieser Rolle wird ein aktiver Diskussionsbeitrag, eine Idee oder eine Aussage platziert. Die Diskussion bewegt sich daraufhin in eine bestimmte Richtung.
- Follower (Anhänger): In dieser Rolle wird der „Mover" unterstützt bzw. seine Ursprungsgedanken und -ideen werden ergänzt und weiterentwickelt.
- Opponent (Kontrahent): Dies ist die Rolle des Widersachers, der die Gedanken des „Movers" kritisch reflektiert und widerspricht.
- Bystander (Neutraler Zuschauer): In dieser Rolle wird von einer Metaebene aus das Gruppengeschehen insgesamt betrachtet und analysiert.

Oft nehmen einzelne Teammitglieder im Sinne des **Kantor-Modells** immer dieselbe Rolle ein. Beispiel dafür ist die Führungskraft, die immer als „Mover" agiert, der Kollege, der immer dagegen ist („Opponent") und die restlichen Mitarbeiter, die in der Mehrzahl „Follower" sind. Gruppen bzw. Denkfabriken arbeiten dann konstruktiv, wenn Teammitglieder in der Lage sind, diese Rollen wechselnd einzunehmen. Zudem sollten sich die Teams gelegentlich in die Rolle des „Bystanders" versetzen und kritisch ihr Verhalten reflektieren. Das Kantor-Modell kann insbesondere den Teilnehmern von projektbezogenen Think Tanks, die über einen längeren Zeitraum miteinander arbeiten, als gutes Hilfsmittel für die Selbstreflexion dienen. Auch in kritischen Situationen – beispielsweise bei einem stark dominierenden oder kritisierenden Teilnehmer – kann es hilfreich sein, sich auf Kantor zu berufen, das Modell zu erläutern und gemeinsam die Rolle des „Bystanders" einzunehmen.

In der Praxis können Krisensituationen in den unterschiedlichsten Ursachen begründet liegen. Für erfahrene und souveräne Moderatoren stellen sich reine Ideation-Foren (z. B. Kreativ- oder Innovationsworkshops) in dieser Hinsicht häufig als unproblematisch dar. In solchen Veranstaltungen geht es in der Regel sehr stringent und zügig zur Sache, Methoden leiten die Teilnehmer und die Generierung von Ideen steht im Vordergrund und nicht deren Diskussion. Auf einen Diskurs mit einzelnen Teilnehmern bezüglich der Eignung der ausgewählten Methoden sollte man sich im Sinne eines professionellen Auftretens nicht einlassen. Dies kann allerdings nur dann funktionieren, wenn man sich sicher ist, dass mit den ausgewählten Werkzeugen tatsächlich die geeigneten Mittel eingesetzt werden.

Problematischer kann es werden, wenn in einer Denkfabrik bewertende Diskussionen geführt werden, z. B. zu den Themen Strategie, Ideenauswahl, Umsetzungsmaßnahmen. Diskussionen neigen dazu, ein Eigenleben zu entwickeln und können die Gefahr mit sich bringen, in unstrukturierten und ineffizienten Gesprächen zu münden. Folgende Vorgehensweisen haben sich in diesem Kontext bewährt:

- Diskussionen in größeren Gruppen (d. h. mit mehr als acht Personen) sollten in einem Gesamtplenum die Ausnahme darstellen, schon allein deshalb, weil sich nie alle Teilnehmer im gleichen Ausmaß beteiligen. Aktivierender (und für einen Moderator einfacher zu handhaben) sind in solchen Situationen Kleingruppenarbeit mit festem Zeitrahmen oder die Abfrage von Einzelstatements mithilfe von Moderationskarten oder Post-it-Zetteln.
- Projektleiter oder Moderator sollten stets Diskussionsbeiträge visualisieren. Dies kann eine Hilfestellung sein, falls einzelne Akteure immer wieder mit denselben Argumenten aufwarten. In solch einem Fall kann man höflich darauf verweisen, dass der Beitrag bereits berücksichtigt worden ist. Außerdem kann das Visualisieren bewirken, dass sich die Teilnehmer mit ihren Redebeiträgen kürzer halten, zumal der Moderator immer nur ein Schlüsselwort, -satz oder eine Skizze z. B. auf einem Flipchart notieren kann.
- Ein Ungleichgewicht bezüglich der Redebeiträge einzelner Personen, das Abschweifen vom eigentlichen Thema sowie das zeitliche Ausufern einer Diskussion gilt es grundsätzlich zu vermeiden

Sollten trotz alledem Störungen auftreten, ist man als Projektleiter oder Moderator gut beraten, diese keinesfalls zu ignorieren, sondern aktiv die Rolle eines „Bystanders" im Sinne von Kantor einzunehmen. Eine schwierige Situation oder ein störendes Verhalten sollte in diesem Sinne unter dem Verweis auf eine zielführende und effiziente Arbeit in der Denkfabrik möglichst direkt angesprochen werden. Dabei gilt es, eine sachliche Gesprächskultur aufrecht zu erhalten bzw. wieder herzustellen.

> **Kernaussagen – Probleme souverän meistern: Vorbereitung und Reaktion auf schwierige Situationen**
> Wie in jeder Teamsituation können auch in Corporate Think Tanks schwierige Teilnehmer sowie Krisensituationen bzw. Störungen ein zielführendes Arbeiten behindern. Patentrezepte gibt es für solche Situationen nur bedingt. Die gute Vorbereitung einer Denkfabrik im Hinblick auf die Teilnehmerzusammensetzung und die Identifikation schwieriger Themen sowie die Einigung auf eine Etikette für die Zusammenarbeit können erste Maßnahmen darstellen, um potenziell problematische Situationen zu vermeiden. Treten dennoch Störungen oder Krisensituationen in einer Denkfabrik auf, so sollten diese aktiv angesprochen und nach Möglichkeit beseitigt werden. Eine sachliche Gesprächskultur ist in diesem Kontext sicherzustellen.

Literatur

1. vgl. Internetpräsenz von The Kantor Institute. „The 4-Player Model". (2014). http://www.kantorinstitute.com/fullwidth.html. Zugegriffen: 27. Febr. 2014.

10 Die Umsetzung: Think-Tank-Ergebnisse zielorientiert implementieren

Im Anschluss an die Betrachtung der vorbereitenden Aktivitäten für einen Corporate Think Tank und den Ausführungen zur Durchführung knüpft das Thema der Ergebnisumsetzung an. Nicht immer finden die dazu notwendigen Aktivitäten in der Denkfabrik selbst statt. Häufig werden dafür neue Projektgruppen ins Leben gerufen, oder die Implementierungsmaßnahmen werden in einer Bereichsverantwortung realisiert.

Aus der unternehmerischen Praxis ist in diesem Zusammenhang regelmäßig zu vernehmen, dass Umsetzungsmaßnahmen zu den schwierigsten Aufgaben gehören. Insbesondere der Anspruch schneller Realisierungszeiten (Time-to-Market) gilt als große Herausforderung.

In Kap. 10 werden vor diesem Hintergrund **vier Aspekte** beleuchtet:

- Empfehlungen zum Thema Ideen-/Konzeptauswahl, um aufzeigen, wie spezielle Methoden in diesem Arbeitsschritt ein systematisches Vorgehen gewährleisten (Abschn. 10.1).
- Hinweise zum Thema Konzepterarbeitung, um zu verdeutlichen, auf welche Weise Ideen zu Konzepten weiterentwickelt und präzisiert werden (Abschn. 10.2).
- Praxistipps zum Thema Überzeugungsarbeit, um dafür zu sensibilisieren, dass nur mit einer breiten Akzeptanz ein Umsetzungserfolg zu realisieren ist (Abschn. 10.3).
- Anregungen zum Thema Umsetzungserfolg, um zu unterstreichen, dass dafür insbesondere vier Faktoren berücksichtigt werden müssen (Abschn. 10.4).

10.1 Entscheidungen treffen: Optionen bewerten, priorisieren und auswählen

Gegen Ende der Themenbearbeitung in einem Corporate Think Tank wird in der Regel eine Konvergenz-Phase durchgeführt. In dieser werden Erkenntnisse abgeleitet und es wird eine Vorauswahl der vielversprechendsten Konzeptansätze getroffen. Hierfür stehen einfach zu nutzende Tools aus dem Repertoire der Moderation zur Verfügung, z. B. **Punktbewertungsverfahren** (Abstimmung mit Klebepunkten) oder **Einzelstatements** der Teilnehmer zu favorisierten Optionen. Bei der Darstellung des Think Tanks von ARAG (Führungskräftekonferenz, siehe Abschn. 4.2.5) wurde bereits eine weitere Möglichkeit für einen Auswahlprozess beschrieben: Jeder Teilnehmer erhält einen fiktiven Geldbetrag für das Investment in zukunftsträchtige Ideen, Konzeptansätze oder Strategien. Wie bei einer **Börse** kann jeder Teilnehmer individuell entscheiden, ob er alles auf eine Karte setzt oder sein Investment auf mehrere Optionen streut. Die Option mit dem höchsten Investment aller Teilnehmer nimmt in der Priorisierung den ersten Rang ein.

Falls man sich im Vorgehen der Denkfabrik an dem ThinkX-Prozessablauf (siehe Abschn. 8.1) orientiert, werden die unter Schritt 2 erarbeiteten Erfolgskriterien zugrunde gelegt und um Auswahlkriterien ergänzt. Bei Bedarf können diese mit Gewichtungsfaktoren versehen werden, um gegebenenfalls ihrer unterschiedlichen Bedeutung Rechnung zu tragen. In einer **Nutzwertanalyse** werden diese Gewichtungsfaktoren der einzelnen Kriterien mit den jeweiligen Erfüllungsgraden jeder einzelnen Option multipliziert. Der Vergleich der aufaddierten Gesamtnutzwerte jeder Alternative ermöglicht eine Auswahl.

Ein weiteres Verfahren zur strukturierten Entscheidungsfindung kommt aus der Luft- und Raumfahrt. Der Prozess unter dem Namen **FORDEC** zeichnet sich durch seine Einfachheit und Plausibilität aus. FORDEC ist ein Akronym und kann in einer Rückschau auf den Think Tank auch noch einmal die wesentlichen Ausgangsüberlegungen zusammenfassen [1]:

1. F = Facts (Fakten): Welche Situation liegt vor?
2. O = Options (Optionen): Welche Handlungsoptionen bieten sich an?
3. R = Risks & Benefits (Risiken & Vorteile): Welche Risiken und Vorteile sind mit den einzelnen Handlungsoptionen verbunden?
4. D = Decision (Entscheidung): Welche Handlungsoption wird gewählt und weshalb?
5. E = Execution (Ausführung): Wie soll die Umsetzung der gewählten Handlungsoption erfolgen?
6. C = Check (Überprüfung): Führt der eingeschlagene Weg zum gewünschten Ziel?

Ein weiteres, leicht anwendbares Verfahren ist die sogenannten **NAF-Methode.** Jede Alternative wird dabei anhand von lediglich drei zentralen Kriterien bewertet [2]:

1. N = New (Neu): Was ist an der Idee neu?
2. A = Attractive (Attraktiv): Was ist an der Idee attraktiv/spannend?

3. F = Feasible (Machbar): Ist die Idee umsetzbar?

Gelegentlich sind die Teilnehmer eines Corporate Think Tanks nicht an der Entscheidungsfindung beteiligt, beispielsweise weil ein kleiner Führungskreis alleine eine endgültige Auswahl sowie eine finale Entscheidung treffen möchte. Für die Akteure der Denkfabrik ist ein solches Vorgehen in der Regel unbefriedigend. Sie haben sich intensiv mit einem Thema auseinandergesetzt und häufig vielfältige Antworten und Lösungsmöglichkeiten erarbeitet. Vor diesem Hintergrund sollten sie zumindest im Rahmen einer Vorauswahl eine Empfehlung abgeben können.

> **Kernaussagen – Entscheidungen treffen: Optionen bewerten, priorisieren und auswählen**
> Ein Corporate Think Tank schließt in der Regel mit einer konvergenten Phase, an deren Ende konkrete Handlungsalternativen (z. B. Innovationsvorschläge) zur Auswahl gestellt werden. Für den Auswahlprozess stehen zahlreiche Methoden zur Verfügung. Empfehlenswert ist eine Vorgehensweise, bei der spezifizierte Auswahlkriterien zum Einsatz kommen, anhand derer die unterschiedlichen Optionen überprüft werden.

10.2 Konzepte erarbeiten: Optionen konkretisieren

In Corporate Think Tanks steht häufig die Erarbeitung von Konzeptansätzen im Vordergrund. Das bedeutet, dass diese im Rahmen einer Umsetzung weiter ausgearbeitet und präzisiert werden müssen. Als Hilfsmittel für diesen Arbeitsschritt bieten sich die **Six Thinking Hats** (sechs Denkhüte) des Kreativität-Altmeisters Edward de Bono an [3]. Der Malteser bezeichnet die der Methode zugrunde liegende Vorgehensweise als paralleles Denken. Teammitglieder nehmen dabei unterschiedliche Rollen bzw. Perspektiven ein, die durch verschiedenfarbige Hüte repräsentiert werden [4]:

- Weißer Hut: Rationale Argumente, Analyse (Zahlen, Daten, Fakten)
- Roter Hut: Emotionales Empfinden, Intuition („Aus dem Bauch heraus …")
- Schwarzer Hut: Risikobetrachtung, Gefahren, Schwierigkeiten, Ängste
- Gelber Hut: Vorteile, Nutzen, positive Aspekte
- Grüner Hut: Kreativität, Weiterentwicklung, Alternativen, Ideen
- Blauer Hut: Moderation, Prozesssteuerung, Schlussfolgerungen

Alle Aspekte der sechs Denkhüte haben eine Relevanz, wenn es darum geht, ein Thema oder Konzept zu präzisieren. Der „grüne Hut" kann dabei nochmals für eine weitere Ideenfindung genutzt werden, beispielsweise, um als Gegenpol zum „schwarzen Hut" potenziellen Schwierigkeiten entgegenzuwirken.

Eine Diskussion mit der skizzierten Methode liefert eine inhaltliche Stoffsammlung, auf der ein Konzept aufgebaut werden kann. Als Konzept wird dabei ein schriftliches Planungsdokument bezeichnet, aus dem die Grundlagen eines Vorhabens, die Ziele sowie die Mittel und Wege zur Zielerreichung hervorgehen [5]. In der Praxis werden Art und Umfang von Konzepten recht unterschiedlich verstanden. Sie reichen von deskriptiven Präsentationsunterlagen über umfangreiche Ausarbeitungen einschließlich Kosten-Nutzen-Analysen bis hin zu fertigen **Businessplänen.** In Letzteren können beispielsweise im Hinblick auf die Markteinführung einer Innovation folgende Informationen enthalten sein [6]:

1. Detaillierte Beschreibung des neuen Produkts oder Service
2. Analyse und Bewertung des Marktpotenzials
3. Identifikation und Beschreibung der Zielgruppe
4. Markteintrittsbarrieren und Wettbewerbsanalyse
5. Erfahrung, Kompetenz und Commitment des Managementteams
6. Strategie für Preis, Vertrieb und Kommunikation
7. Risikoeinschätzung
8. Kalkulation von Cashflow und Break-Even-Point
9. Ressourcenbedarf (finanziell, personell etc.)

Bei strategischen Vorhaben unterscheiden sich Struktur und Inhalt der Businesspläne.

Anzumerken ist, dass insbesondere in den USA und aus der dortigen Start-up-Szene zunehmend Kritik an Businessplänen laut wird. Im Fokus steht dabei die Problematik zahlreicher hypothetischer Annahmen (z. B. bezüglich der Entwicklung von Verkaufszahlen), die sich im Nachhinein meist als inkorrekt erweisen. Gelegentlich werden daher Kurzkonzepte oder der Business Model Canvas (siehe Abschn. 8.7) als eine alternative Darstellungsweise bevorzugt. Im Hinblick auf Strategiekonzepte empfahl der Autor eines Harvard-Business-Review-Artikels, ein Strategievorhaben in einem Statement mit maximal 15 Wörtern zusammenzufassen [7]. Als Ergänzung dazu sollten auf lediglich einer Seite kurz und knapp die wichtigsten inhaltlichen Gedanken aufgeführt sein. Zwei Fragen sollten beantwortet werden: „Was sind die wesentlichen Aspekte?" sowie „Worin unterscheidet man sich damit vom Wettbewerb?". Den Vorteil einer solchen Reduktion auf die wesentlichen Punkte begründet der Autor in einer größeren Klarheit und einem besseren Verständnis für alle Beteiligten im Rahmen der Umsetzungsaktivitäten [7].

> **Kernaussagen – Konzepte erarbeiten: Optionen konkretisieren**
> Corporate Think Tanks enden oft mit der Erarbeitung von Konzeptansätzen, die – vor dem Hintergrund einer Umsetzung – noch weitergehender Informationen und Analysen bedürfen. Häufig werden in der unternehmerischen Praxis dazu Businesspläne erstellt mit detaillierten Angaben und Bewertungen (z. B. hinsichtlich des Marktpotenzials und eines Ressourceneinsatzes). Alternativ oder ergänzend dazu können Kurzkonzepte oder der Business Model Canvas zum Einsatz kommen.

10.3 Akzeptanz erreichen: Überzeugungsarbeit und Einwandargumentation

Neue Konzepte in Form von strategischen Ansätzen oder Innovationsideen stoßen nicht immer sofort in einer Organisation oder bei deren Marktpartnern auf eine positive Resonanz. Sie sind verbunden mit Veränderungen, denen Menschen häufig mit Skepsis, Misstrauen und gelegentlich auch Ängsten entgegensehen. In Abschn. 5.2 wurde in diesem Zusammenhang die Bedeutung des vorherrschenden Mindsets gegenüber neuen Dingen erläutert. Auch wenn man versucht, bereits im Vorfeld diesem Gedanken Rechnung zu tragen, kann es vorkommen, dass die in einer Denkfabrik entwickelten Konzepte nicht auf Unterstützung bei dem für deren Umsetzung notwendigen Personenkreis stoßen. Überzeugungsarbeit ist dabei in folgenden Stufen (siehe Abb. 10.1) zu erzielen.

Neben der Geschäftsführung als Entscheidungsgremium ist im weiteren Verlauf der Umsetzungsaktivitäten die gesamte Organisation zu betrachten. Manchmal sind weitreichende Maßnahmen im Hinblick auf einen Kulturwandel erforderlich, um die Mitarbeiter von der Notwendigkeit eines zukunftsgerichteten Agierens zu überzeugen.

Grundsätzlich lohnt es sich, bei der Überzeugungsarbeit wohlüberlegt zu agieren. Der Autor Simon Sinek hat in seinem Buch „Start with Why" eindrucksvoll dargelegt, welche Fehler in der Kommunikation von Veränderungen oder neuen Ideen in Organisationen unterlaufen [8]. In seinem Konzept der **Golden Circle** verdeutlicht er, dass häufig das „Was?", gelegentlich das „Wie?", aber nur sehr selten das „Warum?" eines Vorhabens kommuniziert wird. Alle drei Aspekte sind für eine Überzeugungsarbeit von großer Bedeutung, die Begründung einer Maßnahme (also das „Warum?") sei allerdings am wichtigsten.

Der Psychologe Kurt Lewin hat mit der **Force Field Analysis** (Kraftfeldanalyse) ein weiteres Planungstool geschaffen, welches in diesem Kontext eine Hilfestellung darstellen kann. Prinzipiell werden mit dieser Technik systematisch alle unterstützenden bzw. alle hindernden Faktoren aufgelistet. Zudem wird jeder Aspekt mit einem Gewichtungsfaktor zwischen 1 und 10 versehen. Je höher der Gewichtungsfaktor ausfällt, desto bedeutender ist der Einfluss auf das Neue [9]. Bezüglich der hindernden Faktoren ist man angreifbar und daher gut beraten, sich im Rahmen einer vorbereitenden Einwandargumentation mögliche Entgegnungen bzw. Rechtfertigungen zu überlegen.

Mit der **Stakeholder-Analyse** steht ein Tool zur Verfügung, in dem systematisch Personen identifiziert werden, die maßgeblichen Einfluss auf eine Entscheidung oder eine

Abb. 10.1 Stufen der internen Überzeugungsarbeit

Entscheidungsumsetzung haben können [10]. In einem ersten Schritt werden hierzu alle Personen bzw. Personengruppen aufgelistet, die mit einem Projektvorhaben in Berührung kommen bzw. auf die es eine Auswirkung haben könnte. Diese Akteure werden daraufhin in eine Vier-Felder-Matrix anhand der Faktoren „Einfluss" und „Interesse" eingeordnet. Folgendes Beispiel in Abb. 10.2 illustriert eine solche Darstellung [10].

Abschließend werden die Strategien für die Überzeugungsarbeit abgeleitet, beispielsweise im Hinblick auf das gezielte Informieren bzw. Einbinden einzelner Stakeholder.

Als Fazit bleibt festzuhalten, dass es mit dem alleinigen Hervorbringen von Ergebnissen durch einen Corporate Think Tank nicht getan ist. Der Umsetzungsprozess gestaltet sich in der Regel als schwieriger als die Generierung neuer Ideen. Die Herausforderung besteht dabei darin, den Enthusiasmus, der fast immer bei den Akteuren eines Corporate Think Tanks entsteht, bei der Umsetzung nicht zu verlieren.

> **Kernaussagen – Akzeptanz erreichen: Überzeugungsarbeit und Einwandargumentation**
> Für die Umsetzung von Ergebnissen des Corporate Think Tanks ist die Mitwirkung der Geschäftsführung sowie weiterer Akteure aus der Organisation notwendig. Da Menschen nicht immer offen für Veränderungen oder Neues sind, müssen sie häufig erst von den Konzepten und Ideen einer Denkfabrik überzeugt werden. Für eine nach innen gerichtete Kommunikations- und Überzeugungsstrategie stehen Hilfsmittel wie beispielsweise der Golden Circle, die Force Field Analysis oder die Stakeholder-Analyse zur Verfügung.

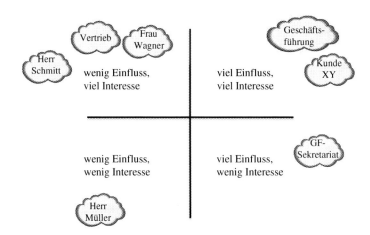

Abb. 10.2 Beispiel einer Stakeholder-Analyse

10.4 Umsetzungsschritte planen: Prozesse und Roadmaps

Bei der Umsetzung von strategischen Vorhaben, Produktentwicklungen oder sonstigen Ideen aus einem Corporate Think Tank handelt es sich meist um komplexe Projekte. Neben den zuletzt geschilderten Aspekten der Überzeugungsarbeit sind aus meiner Sicht vier Faktoren entscheidend für den Umsetzungserfolg. Diese sind in Abb. 10.3 dargestellt.

Zentral für die erfolgreiche Umsetzung von komplexen Projektvorhaben ist die **Struktur** im Vorgehen, d. h. ein geplantes und wohldurchdachtes Agieren ist erforderlich. Viele Unternehmen haben im Innovationsmanagement Prozesse wie Stage-Gate etabliert, die diesem Anspruch Rechnung tragen. Darüber hinaus kommen Projektpläne mit Meilensteinen zum Einsatz (seit einigen Jahren hat sich dafür der Begriff Roadmap etabliert), in denen die wesentlichen Arbeitsschritte aufgelistet und der Ressourcenbedarf zugeordnet wird. Wesentlicher Bestandteil des Projektplans ist zudem die klare Zuordnung von **Verantwortung.** In der praktischen Umsetzung bedeutet dies die Beantwortung der einfachen Frage: „Wer macht was bis wann?". Hierzu zählt auch das Schaffen von sinnvollen Rahmenbedingungen, damit die Verantwortung überhaupt wahrgenommen werden kann. Während Unternehmen bei den beiden erstgenannten Faktoren oft vieles richtig machen, wird es häufig beim Punkt **Fokussierung** problematisch. Organisationen neigen dazu, Projektaufgaben den Beteiligten in Ergänzung zu ihren jeweiligen Alltagstätigkeiten zu übertragen. Da die meisten Mitarbeiter ohnehin an ihre Kapazitätsgrenzen stoßen, erweckt ein solches Vorgehen bei den Betroffenen keine Begeisterung und kann den Erfolg des gesamten Projektes gefährden. Ist allerdings eine fokussierte Projektbearbeitung mit hoher Priorität gewünscht, dann erfordert dies, den Mitarbeitern zeitliche Freiräume zur Verfügung zu stellen. Da wir in einer Zeit des Multiprojektmanagements leben, kommt erschwerend hinzu, dass viele Organisationen zahlreiche parallele Projektvorhaben initiieren. Fokussierung kann in diesem Kontext bedeuten, sich nicht zu verzetteln. Dabei gilt die Devise: Lieber eine Maßnahme zu Ende gebracht als Dutzende mit unklarem Ausgang begonnen. Schlussendlich hängt der Umsetzungserfolg von der **Geschwindigkeit** ab. „Time-to-Market" ist hier hierfür das entscheidende Stichwort. Unternehmen, die zu lange dafür brauchen, ihre Strategien umzusetzen oder

Abb. 10.3 Faktoren für den Umsetzungserfolg

Neuproduktideen auf den Märkten einzuführen, laufen Gefahr, mit solchen Konzepten aufzuwarten, die schon nicht mehr zeitgemäß sind. In der Start-up-Szene ist übrigens Time-to-Market eine wesentliche Kennziffer für Venture-Kapitalgeber.

> **Kernaussagen – Umsetzungsschritte planen: Prozesse und Roadmaps**
> Der Umsetzungserfolg von Projektvorhaben ist im Wesentlichen von vier Faktoren abhängig: Struktur, Verantwortung, Fokussierung und Geschwindigkeit. Während einige Unternehmen hinsichtlich der beiden erstgenannten Aspekte gut aufgestellt sind, existieren häufig Defizite im Hinblick auf Fokussierung und Geschwindigkeit.

Literatur

1. Wikipedia. (2014). FORDEC. http://de.wikipedia.org/wiki/FORDEC. Zugegriffen: 28. Feb. 2014.
2. Internetpräsenz von Mycoted. (2014). NAF. http://www.mycoted.com/NAF. Zugegriffen: 28. Feb. 2014.
3. De Bono, E. (1999). *Six thinking hats.* London: Penguin Books.
4. De Bono, E. (1996). *Serious creativity – Die Entwicklung neuer Ideen durch die Kraft lateralen Denkens* (S. 73 ff.). Stuttgart: Schäffer-Poeschel.
5. Definition-Online. (2014): „Konzept". http://definition-online.de/konzept/. Zugegriffen: 1. März 2014.
6. Tidd, J., & Bessant, J. (2011). *Managing innovation – integrating technological, market and organizational change* (4. Aufl., S. 338). Chichester: Wiley.
7. Di Fiore, A. (2014). The art of crafting a 15-word strategy statement. Harvard Business Review Blog. http://blogs.hbr.org/2014/02/the-art-of-crafting-a-15-wordstrategy-statement/. Zugegriffen: 1. März 2014.
8. Sinek, S. (2009). *Start with why – how great leaders inspire everyone to take action.* New York: Portfolio Trade.
9. Sloane, P. (2014). How to use force field analysis for change management. Internetpräsenz von Destination Innovation. http://www.destination-innovation.com/articles/?p=742. Zugegriffen: 1. März 2014.
10. Gray, D., Brown, S., & Macanufo, J. (2011). *Gamestorming – Ein Praxisbuch für Querdenker, Moderatoren und Innovatoren* (S. 131–134). Köln: O'Reilly.

Die Erkenntnisse: Rückblick auf den Corporate Think Tank

11

Im Anschluss an die Durchführung und die Umsetzung der Ergebnisse sollte die Gelegenheit für einen kritischen *Blick zurück auf den Corporate Think Tank* genutzt werden. Zeit unseres Lebens sind wir mit Lernen beschäftigt, und daher sollte man gezielt die Aspekte zur Sprache bringen, die bei einer zurückliegenden Denkfabrik gut bzw. nicht so gut funktioniert haben. Die gewonnenen Erkenntnisse sollten schriftlich festgehalten werden, damit man sie sich bei einem etwaigen Folgeprojekt schnell wieder in Erinnerung rufen oder anderen Think Tanks im Unternehmen in sinnvoller Form zur Verfügung stellen kann.

Der *Blick zurück auf das vorliegende Werk* bleibt mir als Autor in diesem Schlusskapitel. In Zeiten großer Herausforderungen und hoher Komplexität stehen Führungskräften für die Bearbeitung von Zukunftsthemen unterschiedliche Handlungsoptionen zur Verfügung. Entsprechend vielseitige Möglichkeiten existieren, um sich mit Themen wie zukunftsgerichteten Strategien, chancenreichen Wachstumsmärkten oder vielversprechenden Innovationen auseinanderzusetzen. Etliche Unternehmen, wie z. B. Google, BASF (siehe Kap. 4) oder auch mittelständische Firmen, forcieren mehrere Maßnahmen parallel. Corporate Think Tanks können eine Aktivität darstellen.

Die zahlreichen Praxisbeispiele haben verdeutlicht, auf welche unterschiedliche Art und Weise Unternehmen heute diese Denkfabriken einsetzen: Angefangen von intensiven Workshops über Foren und Beiräte bis hin zu eigenständigen Bereichen. Die den Corporate Think Tanks zugrunde liegende Arbeitsweise wurde ausführlich dargestellt. Sie zielt darauf ab, Teilnehmer zu inspirieren und in ihrer Kreativität zu unterstützen. Es wurde aufgezeigt, dass unternehmerische Denkfabriken ihre volle Wirkung durch die

Kombination aus einem für die Themenstellung passenden **Format, kreativen Menschen**, einem **inspirierenden Durchführungsort** sowie einem geeigneten **Methodenset** entfalten.

Um das Potenzial der Corporate Think Tanks ausschöpfen zu können, sollten Unternehmen einerseits die Vorteile dieser Vorgehensweise kennen. Andererseits sollten sie auch den Aspekten Rechnung tragen, die in einem Think Tank falsch laufen könnten bzw. als potenzielle Nachteile einzustufen sind.

Vorteile von Corporate Think Tanks

- Bieten eine effiziente Möglichkeit zur Bearbeitung zukunftsgerichteter Themen an
- Sind für ein großes Themenspektrum einsetzbar
- Können in den unterschiedlichsten Formaten realisiert werden
- Sind gut mit anderen Aktivitäten kombinierbar
- Können Kreativität freisetzen
- Gewährleisten hohe Motivation und viel Leidenschaft bei den Akteuren
- Ermöglichen die Chance auf wirklich neue Ideen/Konzepte
- Bieten sich für den Einsatz einer Vielzahl von unterstützenden Tools/Methoden an

Nachteile von Corporate Think Tanks

- Können z. B. aufgrund einer nicht gut durchdachten Konzeption scheitern
- Bedingen einen moderaten bis hohen finanziellen und organisatorischen Aufwand (einschließlich für eine sich anschließende Umsetzungsphase)
- Bringen die Gefahr mit sich, aus einer Vielzahl an Methoden die für eine Themenstellung/einen Teilnehmerkreis nicht geeigneten auszuwählen
- Können solche Ideen/Konzepte hervorbringen, die nicht zum Mindset einer Organisation passen
- Können trotz einer erfolgreichen Durchführung bei der Ergebnisumsetzung scheitern („Ergebnisse verschwinden in der Schublade", „Alibiveranstaltung")

Für die Bearbeitung von Zukunftsthemen und die dafür notwendige Ideensammlung sind Corporate Think Tanks ideale Plattformen, wenn sie sorgfältig geplant und professionell durchgeführt werden. Ich bin überzeugt davon, dass gerade unkonventionelle Vorgehensweisen und Methoden einen entscheidenden Beitrag leisten können, um neue Wege zu beschreiten und Erfolg versprechende Chancen zu identifizieren.

Ich hoffe sehr, dass ich mit diesem Buch dazu beitragen konnte, Sie zu inspirieren und die Lust zu wecken, selbst einmal an einer Denkfabrik teilzunehmen oder eine solche auf den Weg zu bringen.

11 Die Erkenntnisse: Rückblick auf den Corporate Think Tank

> **Kernaussagen – Die Erkenntnisse: Rückblick auf den Corporate Think Tank**
> Im Anschluss an die Durchführung eines Corporate Think Tanks sollte man sich die Zeit für einen kritischen Rückblick nehmen, um für weitere Projekte zu lernen.
>
> Corporate Think Tanks wurden in dem vorliegendem Buch als zukunftsgerichtete Foren beschrieben, in denen vielfältige Themen in den unterschiedlichsten Formaten behandelt werden. Sie können erstaunliche Kreativität freisetzen und innovative Ideen sowie Konzepte hervorbringen. Die Durchführung von Denkfabriken ist mit finanziellem und organisatorischem Aufwand verbunden, und letztendlich gibt es keine Erfolgsgarantie. Dennoch überwiegen klar die Chancen von Corporate Think Tanks.

Anhang

Checkliste für die Planung eines Corporate Think Tanks

Anmerkung: Die folgende Checkliste kann als erste Inspiration für einen Planungsprozess verwendet werden. Sie hat keinen Anspruch auf Vollständigkeit und sollte auf die jeweils konkrete Situation im Unternehmen hin angepasst werden.

1. **Themenstellung**

   – Wie lautet die Problemstellung für den Corporate Think Tank und wie kann man diese in zwei bis drei Kernsätzen zusammenfassen?
   – Welche Unterthemen bzw. Suchfelder können identifiziert werden?
   – Müssen hierfür ggf. noch Analysen wie z. B. ein Trendscouting durchgeführt werden?
   – Gibt es Unterthemen, Suchfelder oder sonstige Aspekte, die nicht im Think Tank behandelt werden sollten?

2. **Ausgangslage**

   – Wie kann das grundlegende Mindset der Organisation in Bezug auf die Themenstellung beschrieben werden (Sammeln Sie Adjektive wie z. B. konservativ, offen, umsetzungsstark)?
   – Wer sind die maßgeblichen Entscheidungsträger in der Organisation, die von der Themenstellung betroffen sind?
   – Wie lässt sich deren individuelles Mindset beschreiben?
   – Welche übergeordneten strategischen Aspekte (der gesamten Organisation oder einzelner Bereiche) sind zu berücksichtigen?
   – Wie soll die organisatorische Einbettung des Corporate Think Tanks erfolgen (insbesondere bei permanenten Think Tanks steht die Frage im Raum, an welche Abteilung die Denkfabrik angegliedert werden soll und wem zu berichten ist)?
   – Welche internen Prozesse sind zu berücksichtigen (insbesondere bei der Umsetzung von Ideen/Konzepten aus dem Think Tank)?

3. **Zielsetzung**

   - Welche konkreten Ziele werden mit dem Think Tank verfolgt (z. B. 300 Ideen, 5 Konzeptentwürfe)?
   - Welches Endprodukt ist beabsichtigt (z. B. schriftlich ausgearbeitetes Konzept)?
   - Zwischenfazit: Ist die Durchführung eines Corporate Think Tanks vor dem Hintergrund der angedachten Problemstellung, der Ausgangslage und der Zielsetzung das probate Mittel?

4. **Ressourcen und organisatorischer Rahmen**

   - Welcher zeitliche Rahmen ist für den Think Tank geeignet (temporär versus permanent)?
   - Welche Ressourcen (personell, finanziell, sachbezogen) stehen zur Verfügung?
   - Welche Teilnehmer sollen mitwirken (nur interne, nur externe oder eine Kombination)?
   - Wer übernimmt welche Rolle im Think Tank (Wer moderiert? Wer inspiriert? etc.)?
   - Wo soll der Think Tank stattfinden?
   - An welchem Termin bzw. welchen Terminen soll der Think Tank durchgeführt werden?
   - Wer kümmert sich um die organisatorischen Aspekte (Raum, Einladungen verschicken, Catering etc.)?

5. **Arbeit im Think Tank**

   - Welcher fachliche Input ist für die Teilnehmer notwendig?
   - Wie soll methodisch im Think Tank gearbeitet werden?
   - Welche Materialien bzw. Raumausstattung ist hierfür notwendig? Wer kümmert sich darum?
   - Wie könnte der Zeitablauf aussehen?
   - Wie erfolgt die Ergebnissicherung (z. B. Fotoprotokoll)?

6. **Umsetzung von erarbeiteten Ergebnissen/Ideen**

   - Auf welche Weise soll die Selektion und Auswahl von Ideen erfolgen?
   - Wer soll die Umsetzungsplanung vorantreiben?
   - Wie kann die Kommunikation zwischen Think-Tank-Teilnehmern und nicht teilnehmenden Führungskräften erfolgen (insbesondere bedeutend bei permanenten Think Tanks)?